들어가며

현재 우리나라는 고령사회가 심화하고 있다. 이런 추세는 기업에도 그대로 반영되어 경영자 고령화가 크게 이슈화되고 있어 가업승계 지원제도에 대한 필요성과 중요성이 중요한 사회적 의제로 대두되고 있다. 이런 추세를 반영하여 2023년 1월 1일부터 시행되고 있는 「상속세 및 증여세법」과 「조세특례제한법」 일부개정안 중 가업승계 지원 관련 조항은 파격적 변화라고 해야 할 정도로 내용이 많이 달라졌다.

이번 개정에서는 가업승계 효과성을 높이기 위해 지원하는 세제 혜택 규모가 크게 증대되었다. 반면, 지금까지 가업승계 지원제도가 활성화되지 못하게 한 주요 원인이었던 까다로운 사후관리 조건은 대폭 완화되었다. 가업승계시 상속세와 증여세 납부를 유예해 주는 제도도 신설되었다. 이번 개정으로 가업승계 지원제도에 관심을 가지고 전략적으로 활용하고자 하는 경영자가 많아질 것으로 예상되며, 관련 컨설팅 시장에 진입하고자 하는 컨설턴트도 늘어날 것으로 예측된다.

이 책은 이번 세법 일부개정으로 가업승계 지원제도에서 주요하게 달라진 내용이 무엇인지를 알려주고, 관련 세법 내용을 기반으로 가업승계 지원제도를 제도별로 상세하게 설명한다. 나아가 가업승계를 준비 중이거나 가업승계에 관심은 있으나 어디에서부터 어떻게 준비해야 하는지 알고 싶은 경영자와 컨설턴트에게 가업승계 지원제도를 전략적으로 활용할 수 있는 방안을 제시한다.

이 책은 최신 개정 세법 내용 중 가업승계와 관련된 부분을 상세하게 해설하는 것을 기본으로 하면서 크게 세 가지 측면에서 유사도서와 차별점을 지니고 있다. 첫째, 가업승계를 준비하고 있거나 관심을 가진 경영자가 스스로 가업승계를 위한 전략을 수립할 수 있도록 도움을 제공하자 하였다. 둘째, 가업승계와 관련된 법조문에 대해 세무 당국이 유지하고 있던 유권해석이나 조세 심판 결과를 뒤집은 중요한 최신 대법원 판례를 제공하여 가업승계 준비에 실질적이고 유용한 정보를 전달하고자 하였다. 셋째, 최신 개정 세법 내용 중 중요한 부분을 개정 전 내용과 비교하여 보여줌으로써 별도 자료를 찾아보지 않아도 중요한 변경 내용을 바로 알 수 있도록 하였다.

가업승계 지원제도를 전략적으로 활용하고자 하는 경영자와 가업승계 컨설팅에 종사하는 컨설턴트가 가업승계 지원제도를 활용하기 위한 전략을 수립하는 데에 이 책을 통해 실질적인 도움을 받게 되기를 기대한다.

박영권

목 차

들어가며 ··· 02

제1장 성공해야 받을 수 있는 지원 혜택, 가업승계 지원제도를 주목하라!
왜 지금 가업승계인가? ··· 08
부의 대물림 vs 책임의 대물림 ····································· 16
가업승계 지원제도, 이렇게 달라진다. ···························· 19
주요 변경 내용 ··· 20
가업상속공제 대상, 한도 등은 확대, 사후 관리 부담은 줄어 ···· 21
가업승계 증여세 과세특례 공제 한도 상향, 사후 관리 완화 ······ 26
상속(증여)세 납부유예 신설 ·· 29
연부연납 확대, 영농상속과 창업자금 공제한도 상향 ········· 30

제2장 중소기업 등에 대한 가업승계 지원제도
1. 가업상속공제 ·· 33
   가업상속공제 대상 ·· 37
   가업상속공제액 ··· 45
   가업상속공제 요건 ·· 48
   가업상속재산에 대한 양도소득세 이월과세 ················ 77

2. 가업상속에 대한 상속세 납부유예 ···························· 80
   상속세 납부유예 대상 ·· 81
   상속세 납부유예 가능 세액 ····································· 82
   상속세 납부유예 요건 ·· 84
   상속세 납부유예 신청, 허가, 재신청 ························· 89

3. 가업승계에 대한 증여세 과세특례 ···························· 92
   가업승계에 대한 증여세 과세특례 적용 내용 ············· 96
   가업승계에 대한 증여세 과세특례 적용 요건 ············ 102
   가업승계에 대한 증여세 과세특례 적용 관련 기타 사항 ··· 117

4. 가업승계 시 증여세 납부유예 121
　가업승계 시 증여세 납부유예 가능 세액 122
　가업승계 시 증여세 납부유예 요건 125
　가업승계 시 증여세 납부유예 신청, 허가, 재신청 131
　가업승계 시 증여세 납부유예 적용 관련 기타 사항 134

5. 가업상속 상속세·증여세 연부연납 135
　연부연납 요건 137
　연부연납 허가 143
　연부연납 기간 144
　연부연납 납부할 세액 146
　연부연납 취소와 변경 148
　연부연납 가산금 150

제3장 기타 중소기업에 대한 지원제도

1. 영농상속공제 152
　영농상속공제 대상 152
　영농상속공제액 154
　영농상속공제 요건 155

2. 창업자금에 대한 증여세 과세특례 162
　창업자금에 대한 증여세 과세특례 적용 163
　창업자금에 대한 증여세 과세특례 적용 내용 166
　창업자금에 대한 증여세 과세특례 적용 요건 167
　과세특례 적용받은 창업자금의 추징 172

제4장 재산 평가

1. 시가 평가 176
　평가 원칙 177
　시가 인정 배제 181

2. 보충적 평가 183
　부동산 184

지상권 등 ·· 188
유가증권 등 ·· 193
기타 재산 ·· 200

3. 비상장주식 평가 ·· 206
　평가 방법 ·· 207
　순손익가치 평가 방법 ·· 210
　순자산가치 평가 방법 ·· 220

제5장 가업승계 지원제도 활용 전략

1. 가업승계 성공 요인 ·· 230
　전략적 준비가 필요한 가업승계 ··································· 231
　가업승계 전략은 Tax 전략 ··· 234

2. 가업승계 전략 수립 ·· 236
　현황 진단 ·· 237
　승계자 확정 ·· 240
　승계 Plan ·· 242
　승계 진행 ·· 250
　사후 관리 ·· 251

CHAPTER 1
성공해야 받을 수 있는 지원 혜택, 가업승계 지원제도를 주목하라!

왜 지금 가업승계인가?

1950년 3월 22일, 우리나라 최초의 「상속세법」이 법률 제114호로 제정되었다. 제정이유를 보면 '소득세제에 대한 보완세로서 상속세제를 규정함으로써 세수 확보와 아울러 실질적 평등의 원칙을 실현시키려는 것'임을 밝히고 있다. 저자가 당시 시대를 살아보지는 못했지만, 남겨져 있는 역사 기록 등으로 유추해 보면 상속세는 친일 청산을 위한 제헌국회의 마지막 몸부림이 아니었을까 싶다.

1950년 3월은 일제가 무단으로 자행했던 국권침탈에서 해방된 이후 우리나라에서 처음으로 선출되었던 제헌국회가 2년의 임기를 마무리해 가고 있던 시기였다. 제헌국회는 친일 잔재를 청산하기 위해 '반민족행위처벌특별법'을 제정하였고, 이 법에 근거하여 '반민족행위특별조사위원회(반민특위)'가 구성되었다. 그러나 친일 세력들의 방해와 폭력에 의해 반민특위는 해체되었고, 단 한명의 반민족행위자도 처벌하지 못하였다. 당시의 상황에 대하여 우리나라 국회는 홈페이지에서 '국회의 역사' 코너를 통해 이렇게 소개하고 있다.

> **"반민족행위처벌특별법 제정과 반민특위 활동"**
>
> 제헌국회는 반민족행위처벌특별법을 제정하여 일제잔재 청산을 도모하였다. 1948년 10월 1일 반민족행위특별조사위원회(반민특위)를 구성하고, 11월 25일에는 반민특위의 하부기관 설치를 위한 반민족행위특별조사기관조직법을 제정하였다. 반민특위는 중앙사무국을 두고 각 도에 조사부를 설치하여 활동을 시작하였다.
>
> 그러나 이승만 대통령은 친일파 경찰간부들이 체포될 단계에 이르자, 1949년 6월 6일 경찰을 동원해 반민특위 사무소를 포위하고 특위소속 특경대를 강제해산 시켰다. 이에 반민특위 조사위원들이 1949년 7월 7일 총사직하는 등 진통을 겪다가 8월 13일 공소기간이 만료됨에 따라 반민족행위자 처벌은 무산되고 말았다.
>
> - 대한민국 국회(assembly.go.kr) 〉 국회소개 〉 국회의 역사

민족의 염원이었던 해방이 물리적으로는 이루어졌으나, 친일행위자에 대한 단 한 명도 인적 청산이 이루어지지 못함으로써 당시 부(富)의 대부분을 친일 세력이 그대로 유지하였다. 이런 상황에서 제헌국회는 친일 세력들이 친일 행위로 획득한 재산이 해방 이후에도 그대로 유지되는 것을 막지는 못했지만, 선대의 재산이 후대로 세습되어 부가 유지되고 더 증가되는 기반이 되는 것은 막으려는 의지가 강했을 것이다. 따라서 불로소득에 대해 높은 세율로 과세함으로써 국가는 더 많은 세금을 확보하고, 국민들에게는 과도한 부가 세습되는 것을 제한 함으로써 평등한 사회를 구현하고자 한다는 명분을 내세워 소득세와 별도로 상속세법을 제정해 친일 세력의 부의 세습을 막는 실리를 얻고자 하였을 것이다. 당시에는 친일 세력만이 후대에 물려줄 재산

과 부를 축적하고 있었을 것이기 때문이다. 그래서 상속세율도 지금으로서는 상상하지 못할 정도로 높은 수준이었다. 상속세율은 과세가격별로 14등급으로 구분하고 최저 20%에서 최고 90%까지 누진세율을 적용하도록 하였다.

「증여세법」은 법률 제123호로 별도 제정되어 시행되어오다 1952년 11월 30일 법률 제261호 「상속세법」 일부개정 시 「상속세법」에 통합되면서 폐지되었다. 이후 1996년 12월 30일에 법률 제5193호로 「상속세 및 증여세법」 전부개정을 통해 법률의 제명이 내용과 부합되도록 법률 제명을 「상속세 및 증여세법」으로 변경하여 지금까지 사용되고 있다.

시간이 지나고 환경이 변화하면서 법과 제도를 통해 달성하고자 하는 사회적 목표도 달라진다. 이제 상속세는 친일 세력이 부를 세습하는 것을 막기 위한 목적으로 운용되지 않는다. 경제가 고도화되던 시기에 상속세와 증여세는 정부가 경제발전을 위한 투자 재원을 마련하기 위한 목적에 중심을 두고 운용하였다. 우리나라는 경제규모가 커지면서 축적되는 부(富)의 양도 증대되었다. 이와 더불어 상속과 증여를 통해 한 세대에서 다음 세대로 이전되는 부의 양도 증가하게 되었다. 자연스럽게 상속세와 증여세는 나라 살림 재원 확보를 위한 세수 중에서 중요도가 점차 높아져 왔다. 이런 환경변화에 맞추어 「상속세 및 증여세법」은 1950년 제정된 이후 전부개정 1차례와 일부개정 36차례를 거치면서 변화해 왔다. 2007년 이후로는 해마다 차년도 예산안 수립 시 「상속세 및 증여세법」 일부개정안이 예산안과 함께 정부 입법으로 발의되었고, 2014년을 제외하고는 매년 일부개정이 이루어져 오고 있다.

우리나라는 1970 ~ 80년대 이후 경제가 고도성장 해 왔다. 이 시기에는 모든 산업 부문에서 창업이 활발하게 이루어졌다. 기업이 증가하면서 일자리가 늘어나고, 산업 규모가 확장되고, 기업의 매출과 이익이 증가하고, 세수 증가로 국가 재정 건전성이 증대되고, 또 다른 창업이 늘어나 일자리가 더 많아지고 산업규모가 더 확대되는 선순환이 지속되었다. 성장 과정에서 외환위기를 겪으며 국제통화기금(IMF, International Monetary Fund)으로부터 구제금융을 받는 성장통을 겪기도 했지만, 단기간 내에 위기를 극복하고 성장을 지속해 왔다.

지금 우리나라는 세계 10위권의 경제 규모를 지닌 경제 대국이 되었다. 이제 우리 경제의 화두는 지금까지 성장해 온 경제 규모를 낮은 성장률이라도 지속하면서 유지할 방안을 찾는 것이다. 그러나 지금 우리나라가 처한 상황을 보면 이런 방안 찾기는 쉽지 않아 보인다. 우리나라는 출산율이 세계에서 가장 낮다. 고령사회로 가는 속도는 세계에서 가장 빠르다. 우리나라는 1960년대부터 1980년대까지 '무턱대고 낳다 보면 거지꼴을 못 면한다.', '하나만 낳아 잘 기르자'와 같은 표어 등을 대대적으로 홍보하면서 아이를 둘 이상 낳는 것을 제한하는 '산아제한 정책'을 시행했었다. 담당 조직이 일을 너무 잘했다. 캠페인은 유례없는 성공을 거두었다. 그러나 아이러니하게도 정책을 성공적으로 완수한 조직은 더 이상 수행할 일이 없어 조직 자체가 사라져 버렸다. 그리고 지금 우리나라는 인구 감소를 넘어 국가가 소멸할 위기까지 걱정해야 하는 처지가 되었다.

인구 고령화 추세는 기업에도 그대로 반영되었다. 경영계에서도 창업세대 경영자 고령화가 국가 경제와 관련하여 크게 이슈화되고 있다. 통계청에 따르면 2021년 기준으로 우리나라 전체 기업 중 99.9%는 중소기업이다. 우리나라 전체 종사자 중 80.7%는 중소기업에 종사하고 있다. 중견기업까지 확대해서 살펴보면 기업 수는 99.9%로 중견기업 수가 별다른 영향을 미치지 못하지만, 종사자 수는 88.2%로 증가한다. 즉, 우리나라 기업 1,000개 중에

999개는 중소·중견기업이고, 일자리는 1,000개 중에 882개가 중소·중견기업에 있는데 807개는 중소기업에, 75개는 중견기업에 있다는 것이다.

업력 기준으로는 우리나라 전체 중소기업 중 업력이 10년 이상인 중소기업이 차지하는 비중은 30.5%이고, 전체 중소기업 종사자의 38.6%가 업력 10년 이상 중소기업에 종사하고 있다. 중견기업까지 포함하면 업력 10년 이상인 중소·중견기업이 차지하는 비중은 30.6%이고, 종사자 수는 43.8%가 업력 10년 이상인 중소·중견기업에 종사하고 있다. 즉, 우리나라 중소·중견기업 1,000개 중에 10년 이상 영위하고 있는 기업이 306개이고, 이 중 중소기업이 305개, 중견기업은 1개라는 것이다. 일자리 수로는 중소·중견기업이 제공하고 있는 1,000개 일자리 중 10년 이상 영위하고 있는 기업이 제공하는 일자리가 438개이며, 이 중 중소기업이 306개, 중견기업이 132개 일자리를 제공하고 있다는 것이다.

중소벤처기업부에서 발간한 '2021년 기업생멸행정통계 보고서'에 따르면 신생기업이 7년째에도 생존하고 있는 비율은 25.1%로 나타났다. 100개 기업이 창업하면 7년 후에는 25개 기업만 생존해 있고, 75개 기업은 폐업 등으로 소멸한다는 것이다. 창업 후 3년 이내에 55%가 소멸하고, 5년 이내에 66%가 소멸하였다. 반면, 업력별 활동기업 현황이 정리되어 있는 〈표 1〉에서 보는 바와 같이 2021년 현재 활동하고 있는 기업의 업력별 분포도를 보면 10년 이상 영위되고 있는 기업이 차지하는 비율이 30.6%에 이르고 있다. 이들 통계지표가 의미하는 바는 명확하다. 기업이 새로이 생겨나서 7년 이상 기간을 생존하는 것이 매우 힘들지만, 생존해서 이 기간을 지나면 더 오랜 기간 영속성을 유지할 수 있게 된다는 것이다.

〈표 1〉 업력별 활동기업 현황(2021년)

(단위 : 천 개, %)

업력	3년 이하	4년~6년	7년~9년	10년~19년	20년 이상	계
기업수	2,839	1,285	771	1,448	713	7,065
구성비	40.2	18.2	10.9	20.5	10.1	100

　우리나라 경제 규모를 유지 또는 점진적으로 증대시키기 위해서는 10년 이상 경영 활동을 유지하고 있는 중소기업과 중견기업이 성장을 지속하면서 영속성을 확보할 수 있도록 지원하는 것이 필요하다. 그러나 업력이 오래되면 오래될수록 경영자도 고령화된다. 대표자의 연령별 활동기업 현황이 정리되어 있는 〈표 2〉에서 보는 바와 같이 우리나라 전체 기업 중 경영자 나이가 60세 이상인 기업의 비중은 29.2%이다. 일반적으로 나이가 많은 경영자는 오랜 기간 기업을 경영해 온 비율이 높을 것임을 고려하면 업력이 10년 이상인 기업 상당수는 경영자가 고령화되고 있음을 유추해 볼 수 있다. 여기에 더해 경영자 나이가 50세 이상인 기업의 비중은 30.8%에 달하고 있다.

〈표 2〉대표자 연령별 활동기업 현황(2021년)

(단위 : 천 개, %)

연령	30대 미만	30대	40대	50대	60대 이상	계
기업수	241	864	1,716	2,171	2,059	7,065
구성비	3.4	12.2	24.3	30.8	29.2	100

　경영자 고령화가 국가 경제와 관련하여 이슈인 이유는 업력이 오래된 기업의 영속성이 유지되지 않으면 일자리 안정성이 훼손될 가능성이 크기 때문

이다. 기업에서 일하는 전체 종사자의 43.8%가 업력이 10년 이상인 중소·중견기업에 일자리를 갖고 있음을 앞선 통계에서 확인하였다. 우리나라 출산율이 저조한 이유로 '일자리(소득) 불안정'과 '자녀 양육비용 부담' 등 경제적 요인을 주요하게 꼽고 있는 현실에서 일자리의 상당량을 제공하고 있는 기업의 영속성이 훼손된다면 심각한 사회 문제가 발생하게 될 것이다. 영속성의 훼손은 승계가 원활하지 못하면 발생한다. 즉, 고령화된 경영자가 다음 세대로 기업을 적시에 승계하지 못하면 기업 성장이 제한되거나 최악의 경우 폐업으로 이어질 수 있다. 해당 기업 종사자들은 일자리를 잃게 되어 가계 경제에 문제를 겪게 될 뿐만 아니라 세수 감소로 국가 재정에도 영향을 미치고 궁극적으로는 국가 경제를 위축시키게 될 것이다.

따라서 중소기업이 안정적으로 가업을 승계하도록 지원하는 것은 중요하다. 우리 국회에서는 20세기 말에 이미 중소기업이 가업을 승계할 때 세금 부담을 완화해 주는 내용을 중심으로 가업승계를 지원할 수 있도록 「상속세 및 증여세법」과 「조세특례제한법」을 개정하였다. 이 법률에 따라 1997년부터 '가업상속공제' 제도와 '가업승계 증여세 과세특례' 제도가 운영되어 왔다. 가업승계 지원과 관련된 내용도 해당 법률의 개정에 따라 변화해 왔다. 시간이 흐를수록 가업승계 지원제도에 대한 필요성이 중요한 사회적 의제로 대두되면서 두 법에서는 모두 시원 내용, 범위, 대상 등이 점차 확대되는 추세에 있고 가업승계 이후 사후관리는 점차 완화되는 추세에 있다. 그러나 기업 현장에서 요구하는 수준과 정책으로 지원하는 수준 간에는 차이가 있었다. 기업에서는 가업승계 방식으로 '사전(死前) 증여'를 선호하고 있다. 즉, 선대 경영자가 살아있을 때 후대 경영자에게 가업을 승계하려는 needs가 크다. 반면, 가업승계 지원제도는 가업상속 시에 공제 한도가 높았다. 즉, 상속 시에 세제 혜택이 더 많았던 것이다. 상속은 사후(死後)에 이루어지는 것이다. 선대 경영자가 살아있을 때 가업승계를 지원하는 '증여세 과세특례' 한도는 '상속공제'보다 최대 5배 정도 낮았다. 또, 기업은 충족해야 하는 사전(事前)요건과 승계 후 사후(事後)관리 요건이 너무 엄격해 제도를 활용하여 얻는 혜택이 크지 않다고 인식하고 있었다. 이런 이유로 인하여 가업승계 지원제도 활용도는 매우 낮았다. 〈국세통계연보〉에 따르면, 2015년부터 2020년까지 '가업상속공제'의 평균 이용 건수는 89건이었고, 기업당 평균 공제금액은 30억 2천만 원이었다. '가업의 승계에 따른 증여세 과세특례'의 평균 이용 건수는 163건이었고, 기업당 평균 공제금액은 14억 7천 5백만 원이었다.

가업승계 지원제도는 필요하다고 인식되는 만큼 변화하고 있다. 지금 추진되는 정책의 방향성을 보면 가업승계 세제 혜택 실효성을 높이고, 많은 기업이 지원제도를 활용할 수 있도록 제도 개선이 이루어지고 있다. 특히, 가업승계를 지원하기 위해 2023년 1월 1일 이후 상속 또는 증여분부터 변경되어 적용되는 내용은 점진적 변화가 아니라 파격적 변화라고 해야 할 정도로 많은 내용이 달라졌다. 모든 경영자는 이제 가업승계를 위한 지원제도에 관심을 가져야 한다. 가업승계에도 전략이 필요한 시대가 되고 있다.

부의 대물림 vs 책임의 대물림

가업승계를 바라보는 시각은 양분되어 있다. 일반인들은 가업승계를 부의 대물림으로 인식하고 있는 비율이 높다. 2018년 한 경제신문에서 일반인을 대상으로 가업승계에 대한 인식을 조사하였다. '가업승계'하면 떠오르는 이미지를 물어보고, '가업승계'를 부정적으로 보는 요인이 무엇인지 물어보았다. 먼저 가업승계에 대한 이미지는 '불법·편법적인 상속'과 '2세들의 경영권 다툼'이라는 인식이 압도적으로 나타났다. 전체 응답자의 무려 84.3%가 이 두 가지를 가업승계에 대한 이미지로 꼽았다. 다음으로 가업승계를 부정적으로 보는 요인(복수응답)으로는 '노력 없는 부의 대물림', '특권의식을 가진 2세 경영자', '승계과정 불투명·불공정'을 꼽았다.

반면 은퇴를 앞둔 창업 경영자와 기업을 물려받기 위해 준비 중인 2세대 등은 가업승계를 기업의 지속 발전을 통한 일자리 창출과 국민경제에 영향을 미치는 책임의 대물림이라고 말하고 있다. 중소기업중앙회가 중소기업들을 대상으로 한 설문조사에서 97.2%가 가업을 승계하게 된 가장 큰 이유는 '축적 기술, 경영노하우 등 자산 승계를 통한 기업 지속 발전을 위해'라고 응답했다. '안정적인 수익을 자녀에게 대물림하기 위해'라는 대답은 1%에 불과했다.

여기에서 가업승계를 바라보는 상반된 시선을 말한 것은 어느 한 시선을 편들고 옹호하기 위함은 아니다. 다만 '승계'에 대한 인식을 부정적으로 형성시킨 주요 원인을 생각했을 때 중소기업은 다소 억울할 수도 있다고 생각한다. 상식적인 선에서 생각해 보면 가업승계에 대해 상반된 시선이 나타나는 것은 지극히 당연하다. 가업승계와 직접적인 관련이 없는 일반인은 이 사안에 대해 넓고, 깊게 생각하지 않는다. 내 일도 아니고 머리 복잡한 일도 많은데 가업승계를 국민경제와 연관시키는 사고로까지 확장하여 생각할 일반인은 많지 않을 것이다. 또 평소에 가업승계라는 주제에 대해서 스스로 생각해 보는 시간을 갖지도 않는다. 그러면 일반인들은 무엇을 근거로 인식을 형성하는가? 일반적으로 사람들은 관여도가 낮은 어떤 사안에 대한 인식을 형성하는 데에 언론의 영향을 크게 받는다. 일반인들의 인식 형성은 승계와 관련해 이슈화되었던 사건들에 대해 언론 뉴스를 통해 보고 들은 내용에 크게 영향을 받았을 것이다. 이런 면을 생각해 보았을 때 일반인들이 '기업'과 '승계'를 연관할 때 떠올리는 부정적인 이미지는 상당 부분 대기업으로부터 기인하였음을 부인할 수 없을 것이다. 따라서 일반인들이 승계에 대해 가지고 있는 '불법', '편법', '경영권 다툼', '부의 대물림', '특권'과 같은 부정적 인식을 중소기업 가업승계에 그대로 적용하는 것은 중소기업에 다소 억울한 측면도 있을 수 있다고 본다.

가업승계를 바라보는 시각은 상황에 따라 다를 수 있다. 그러나, 우리나라 경제에서 중소기업이 차지하는 규모와 역할을 고려할 때 중소기업이 가업을 승계하여 영속성을 유지할 수 있도록 지원할 필요성은 매우 크다고 할 수 있다.

지금부터 이번 일부개정으로 가업승계를 위한 지원제도에서 주요하게 달라진 내용은 무엇이고, 어떤 내용이 추가되었는지를 간략하게 살펴보고자 한다. 그 후에는 가업승계 지원제도를 제도별로 상세하게 살펴봄으로써 가업승계에 대한 이해도를 높여 줄 것이다. 다음으로 가업상속공제 또는 가업승계 증여세 과세특례를 적용받을 가업상속재산가액 또는 과세특례 증여세 과세가액 산정에 중요하게 영향을 미치는 재산평가 방법을 알아볼 것이다. 마지막 장에서는 가업승계를 준비 중이거나 평소 가업승계에 관심은 가지고 있었으나 누가, 어느 시기에, 무엇을, 어떤 내용으로, 어떻게, 얼마나 준비해야 하는가에 대해서 알고 싶은 중소기업과 중견기업 경영자들에게 가업승계 지원제도를 전략적으로 활용할 수 있는 방안을 제시해 보고자 한다.

이 책은 가업승계 지원제도를 전략적으로 활용하고자 하는 경영자들에게 가업승계 지원제도를 활용하기 위한 전략을 수립하는 데에 실질적인 도움을 제공하려는 목적으로 집필하였다. 또한 가업승계에 관심이 있는 경영자들에게는 가업승계에 대한 이해도를 높여줄 수 있기를 바라는 목적으로 집필하였다. 나아가 단순 관심을 지녔던 경영자 중 단 한 명이라도 이 책을 통해 이해도를 높이는 데서 머무르지 않고 가업승계 지원제도를 활용해 실제 가업승계를 진행하게 된다면 이 책은 집필 목적을 초과 달성하는 성공작이 될 것이다.

가업승계 지원제도, 이렇게 달라진다.

세법개정을 통해 2023년 1월 1일부터 적용되고 있는 가업승계 지원제도는 개정 이전에 비해 매우 크게 변화하였다.

가업승계 지원제도에는 1. 가업상속공제, 2. 영농상속공제, 3. 가업승계에 대한 증여세 과세특례, 4. 창업자금에 대한 증여세 과세특례, 5. 상속(증여)세 연부연납, 6. 중소기업 최대주주 할증평가 배제 등이 있다. 여기에 2023년 1월 1일 이후 '가업상속에 대한 상속세 납부유예' 제도와 '가업승계 시 증여세 납부유예' 제도가 신설되어 가업승계 지원제도에 추가되었다.

주요 변경 내용

'가업상속공제' 제도에서는 '가업상속공제 적용대상', '상속공제한도', '피상속인 요건', '사후관리 기간', '사후관리 요건'에서 변화가 있었다. '가업승계에 대한 증여세 과세특례' 제도에서는 '과세가액한도', '증여공제액', '과세표준', '사후관리 기간', '사후관리 요건'에서 변화가 있었다. '연부연납'에서는 '지분요건'과 '연부연납 기간'에 변화가 있었고, '영농상속공제' 제도에서도 '상속공제한도'에 변화가 있었고, '창업자금에 대한 증여세 과세특례' 제도에서도 '과세가액한도'와 '창업 인정범위'에 변화가 있었다.

가업승계 지원 제도 세부 내용에 관해서는 다음 장에서부터 상세하게 알아보도록 하고, 이번 장에서는 가업승계 지원 제도 부문별로 크게 변화한 주요 내용을 중심으로 간단히 살펴보도록 하겠다.

가업상속공제 대상, 한도 등은 확대,
사후 관리 부담은 줄어

가업상속공제 적용 대상이 확대되었다. 금번 개정 전까지 가업상속공제 적용 대상은 '중소기업'과 '매출액 4천억원 미만인 중견기업'이었으나, 금번 개정을 통해 '매출액 5천억원 미만 중견기업'까지 가업상속공제를 적용받을 수 있게 되었다.

〈가업상속공제 주요 변경 - ① 적용 대상 확대〉

개정 전	개정 후
- 중소기업 - 중견기업 : 매출액 4천억 미만	- 중소기업 - 중견기업 : 매출액 5천억 미만

가업상속공제한도가 상향되었다. 가업상속공제액은 가업상속재산에 대해 100%를 상속세 과세가액에서 공제한다. 개정 전 공제한도는 피상속인이 가업을 계속하여 영위한 기간이 10년 이상 ~ 20년 미만이면 200억원, 20년 이상 ~ 30년 미만이면 300억원, 가업 영위기간이 30년 이상 이면 500억원

이 한도였으나, 금번 개정을 통해 공제한도가 각각 300억원(가업 영위기간 10년 이상 ~ 20년 미만), 400억원(가업 영위기간 20년 이상 ~ 30년 미만), 600억원(가업 영위기간 30년 이상)으로 상향되었다.

〈가업상속공제 주요 변경 - ② 가업상속공제한도 상향〉

개정 전		개정 후	
가업영위기간	공제한도	가업영위기간	공제한도
10년 이상 ~20년 미만	200억원	10년 이상 ~20년 미만	300억원
20년 이상 ~30년 미만	300억원	20년 이상 ~30년 미만	400억원
30년 이상	500억원	30년 이상	600억원

피상속인 지분요건이 완화되었다. 가업상속공제를 적용받기 위해서는 피상속인이 최대주주등이면서 최대주주등이 그 기업의 발행주식총수의 50%(상장법인 30%) 이상을 10년 이상 계속보유하고 있어야 했다. 그러나 금번 개정으로 최대주주등이 소유해야 하는 지분율 요건이 40%(상장법인 20%)로 완화되었다.

다만, 지분율 요건이 낮아졌더라도 피상속인은 최대주주등에 해당하여야 하며 주식을 10년 이상 계속하여 보유해야 하는 요건은 충족되어야 한다.

〈가업상속공제 주요 변경 - ③ 피상속인 지분요건 완화〉

개정 전	개정 후
- 최대주주등 - 지분 50% 　(상장법인 30%) 이상 - 10년 이상 계속 보유	- 최대주주등 - 지분 40% 　(상장법인 20%) 이상 - 10년 이상 계속 보유

사후관리 요건도 크게 완화되었다.

우선 사후관리 기간 중 업종 변경 범위가 확대되어 업종을 한국표준산업분류 상 대분류 내에서 다른 업종으로 변경할 수 있게 되었다. 기존에는 업종 변경이 중분류 내 업종으로만 가능했고 중분류 이외 업종으로 변경하기 위해서는 평가심의위원회의 심의에서 업종 변경을 승인하는 경우에만 가능했었다.

〈가업상속공제 주요 변경 - ④ 업종 변경 범위 확대〉

개정 전	개정 후
- 표준산업분류 상 중분류 　내 업종 변경 허용 - 그 외 평가심의위원회의 　심의에서 업종변경 승인 　시 업종변경 허용	표준산업분류 상 대분류 내 업종 변경 허용

사후관리 기간이 기존 7년에서 5년으로 단축되었다.

〈가업상속공제 주요 변경 - ⑤ 사후관리 기간 단축〉

개정 전	개정 후
7년	5년

고용유지 요건은 5년 통산 정규직 근로자 수 90% 이상 또는 총급여액 90% 이상 유지로 완화되었다. 개정 전에는 '매 년' 요건과 '7년 통산' 요건을 모두 충족해야만 했었다. '매 년' 요건은 사후관리 기간 동안에 정규직 근로자 수 80% 이상 또는 총급여액 80% 이상을 매 년 유지해야 한다는 것이었다. '7년 통산' 요건은 사후관리 기간 7년을 통산하여 정규직 근로자 수 100% 이상 또는 총급여액 100% 이상을 유지하여야 한다는 조항이었다.

〈가업상속공제 주요 변경 - ⑥ 고용 유지 완화〉

개정 전	개정 후
다음 1)과 2) 모두 충족 1) (매 년) 정규직 근로자 수 80% 이상 또는 총급여액 80% 이상 유지 2) (7년 통산) 정규직 근로자 수 100% 이상 또는 총급여액 100% 이상 유지	(5년 통산) 정규직 근로자 수 90% 이상 또는 총급여액 90% 이상 유지

가업으로 상속받은 가업용 자산은 사후관리 기간(5년) 동안 40% 미만 수준에서는 처분이 가능하게 되었다. 개정 전에는 가업용 자산을 상속개시일로부터 7년 이내에 20%(5년 이내 10%) 이상 처분하면 사후 관리 위반이 되어 상속개시 당시 상속세과세가액에 가업상속으로 공제받은 금액에 가업용 자산 처분 비율 등을 반영한 가액과 이자상당액까지 가산한 상속세를 부과받았다.

〈가업상속공제 주요 변경 - ⑦ 가업용 자산 유지 완화〉

개정 전	개정 후
사후관리 기간인 7년 이내 가업용 자산의 20%(5년 이내 10%) 이상 처분 제한	사후관리 기간인 5년 이내 가업용 자산의 40% 이상 처분 제한

가업승계 증여세 과세특례 공제 한도 상향, 사후 관리 완화

금번 개정으로 가업승계에 대한 증여세 과세특례를 적용받는 증여세 과세가액 한도가 가업상속공제한도와 같은 수준으로 상향되었다.

〈증여세 과세특례 주요 변경 - ① 증여세 과세가액한도 상향〉

개정 전	개정 후	
	부모경영기간	과세가액한도
100억원	10년 이상 ~20년 미만	300억원
	20년 이상 ~30년 미만	400억원
	30년 이상	600억원

개정 전까지 가업승계에 대한 증여세 과세특례 증여세 과세가액 한도액은 100억원 단일 기준이었다. 그러나 금번 개정으로 인하여 부모가 가업을 계속하여 경영한 기간에 따라 증여세 과세가액 한도가 300억원(가업 경영기간

10년 이상 ~ 20년 미만), 400억원(가업 경영기간 20년 이상 ~ 30년 미만), 600억원(가업 경영기간 30년 이상)으로 상향되었다.

증여공제액이 5억원에서 10억원으로 상향되었다. 저율의 세율을 적용하는 과세표준이 30억원에서 60억원으로 상향되었다.

〈증여세 과세특례 주요 변경 - ② 증여공제액 및 과세표준 상향〉

개정 전	개정 후
- 증여공제 5억원 - 10% ≥ 30억원 < 20%	- 증여공제 10억원 - 10% ≥ 60억원 < 20%

개정 전에는 증여세 과세가액 100억원을 한도로 5억원을 증여공제한 후 과세표준 30억원 이하는 10%, 과세표준 30억원을 초과하는 경우는 20%의 세율을 적용하여 증여세를 부과하였었다.

2023년 1월 1일 이후 가업승계 증여세 과세특례 적용 시에는 부모가 계속 경영한 기간에 따른 과세가액 한도액(300억원, 400억원, 600억원)을 한도로 10억원을 증여공제한 후 과세표준 60억원 이하는 10%, 과세표준 60억원을 초과하는 경우에는 20%의 세율을 적용하여 증여세를 부과하게 되어 증여세액을 크게 절감할 수 있게 되었다.

사후관리 기간이 기존 7년에서 5년으로 단축되었다.

〈증여세 과세특례 주요 변경 - ③ 사후관리 기간 단축〉

개정 전	개정 후
7년	5년

사후관리 기간이 단축되면서 가업 유지 요건도 완화되었다.

〈증여세 과세특례 주요 변경 – ④ 가업 유지 기간 단축〉

개정 전	개정 후
- 증여일로부터 5년 이내 대표이사 취임 - 증여일로부터 7년까지 대표이사직 유지	- 증여일로부터 3년 이내 대표이사 취임 - 증여일로부터 5년까지 대표이사직 유지

개정 전에는 가업 주식 또는 출자지분을 증여받은 자(또는 그 배우자)가 과세표준 신고기일까지 가업에 종사하고 증여일로부터 5년 이내에 대표이사에 취임하고, 증여일로부터 7년까지 대표이사직을 유지해야만 했다. 이 가업 유지 요건은 법령 개정 후 증여일로부터 3년 이내에 대표이사에 취임, 증여일로부터 5년까지 대표이사직을 유지해야 하는 것으로 완화되었다.

사후관리 기간 중 업종을 한국표준산업분류 상 대분류 내에서 다른 업종으로 변경할 수 있게 되었다. 기존에는 업종 변경이 중분류 내 업종으로만 가능했고 중분류 이외 업종으로 변경하기 위해서는 평가심의위원회의 심의에서 업종변경을 승인하는 경우에만 가능했었다.

〈증여세 과세특례 주요 변경 – ⑤ 업종 변경 범위 확대〉

개정 전	개정 후
- 표준산업분류 상 중분류 내 업종변경 허용 - 그 외 평가심의위원회의 심의에서 업종변경 승인 시 업종 변경 허용	표준산업분류 상 대분류 내 업종 변경 허용

상속(증여)세 납부유예 신설

'가업상속공제'와 '가업승계에 대한 증여세 과세특례' 제도는 일정 요건 충족을 전제로 상속(증여)세로 납부할 세액을 감면해 주는 반면 '가업상속에 대한 상속세 납부유예'와 '가업승계 시 증여세 납부유예' 제도는 가업상속재산 또는 증여받은 가업주식을 양도·상속·증여하는 시점까지 상속(증여)세 납부를 유예(연기)해 주는 제도이다.

'납부유예' 제도는 중소기업에만 적용되며, 과세표준신고 시 상속인 또는 수증자가 '가업상속공제' 방식 또는 '과세특례' 방식과 '납부유예' 방식 중 선택할 수 있도록 하였다.

연부연납 확대, 영농상속과 창업자금 공제한도 상향

가업상속공제를 받았거나 대통령령으로 정하는 기업상속을 받은 경우 상속세에 대한 연부연납 기간은 가업상속재산비율에 관계없이 '20년' 또는 '10년 거치 후 10년'으로 신청할 수 있다.

〈기타 주요 변경 - ① 연부연납 기간 확대〉

개정 전	개정 후
- 가업상속재산 비율 50% 미만 10년 또는 3년 거치 후 7년 - 가업상속재산 비율 50% 초과 20년 또는 5년 거치 후 15년	가업상속재산 비율 관계없이 20년 또는 10년 거치 후 10년

금번 개정 전 가업상속 연부연납 기간은 가업상속재산 비율이 50% 미만인 경우 '10년' 또는 '3년 거치 후 7년', 가업상속재산 비율이 50% 이상인 경우 '20년' 또는 '5년 거치 후 15년'으로 신청할 수 있었다.

영농상속공제 공제한도가 20억원에서 30억원으로 향상되었다.

〈기타 주요 변경 - ② 영농상속공제 공제한도 상향〉

개정 전	개정 후
공제한도 20억원	공제한도 30억원

창업자금 증여세 과세특례 증여세 과세가액한도가 50억원(10명 이상 신규 고용 시 100억원)으로 향상되었다. 또한, 종전 사업에 사용되던 자산을 인수·매입해 동종 사업을 영위 시 자산가액에서 인수·매입한 사업용자산이 차지하는 비율이 50% 이하인 경우에는 창업으로 인정받게 되었다.

금번 「조세특례제한법」개정으로 창업자금 증여세 과세특례 증여세 과세가액한도가 개정 전 30억원(10명 이상 신규 고용 시 50억원) 대비 크게 향상되었고, 개정 전에는 종전 사업에 사용되던 자산을 인수·매입하여 사업을 영위하는 경우에는 창업으로 인정받지 못했으나 금번 개정으로 창업으로 인정받을 수 있는 범위가 넓어지게 되었다.

〈기타 주요 변경 - ③ 창업자금 증여세 과세특례 과세가액 한도 상향 등〉

개정 전	개정 후
- 증여세 과세가액 한도 : 30억원 (10명 이상 신규 고용 시 50억원) - 종전 사업에 사용되던 자산을 인수·매입하여 동종사업 영위 시 : 창업에서 제외	- 증여세 과세가액 한도 : 50억원 (10명 이상 신규 고용 시 100억원) - 종전 사업에 사용되던 자산을 인수·매입하여 동종사업 영위 시 : 자산가액에서 인수·매입한 사업용자산이 차지하는 비율이 50% 이하 시 창업으로 인정

CHAPTER 2
중소기업 등에 대한 가업승계 지원제도

1 가업상속공제

상속은 사망으로 인하여 개시된다. 「상속세 및 증여세법」에서는 피상속인이 사망한 날을 '상속개시일'로 정의하고, 상속개시일 현재 피상속인의 상속재산(거주자인 경우는 국내외에 있는 모든 재산, 비거주자인 경우는 국내에 있는 모든 재산)을 상속세 과세대상 재산으로 보고 상속세를 부과한다. 상속세 및 증여세는 최고 세율이 50%인 초과누진세율구조로 세금항목 중 세율이 가장 높다. 또 상속개시일 이전 일정기간 이내에 증여된 재산도 상속재산에 가산하여 상속세과세가액을 산출한다. 상속개시일 이전 일정기간 이내에 증여된 재산이란 상속개시일 전 10년 이내에 상속인에게 증여한 재산을 말한다. 증여한 재산이 가업승계 증여세 특례 주식과 과세특례로 증여받은 창업자금인 경우에는 상속개시일 전 10년 이내 기간이라는 조건에 관계없이 상속재산에 합산한다.

이렇게 산출된 상속세과세가액에 상속세 및 증여세율을 바로 적용해 상속세를 부과하면 자칫 상속인과 그 가족들은 상속재산으로 상속세를 납부하고 나면 안정적인 생활을 유지할 수 없을 정도가 될 수도 있다.

이런 이유로 「상속세 및 증여세법」에서는 상속세과세가액에서 상속인의 인적상황과 상속재산의 물적상황을 고려해 일정 금액을 공제해 주고 있는데, 이를 상속공제라 한다.

가업상속공제 제도는 상속공제 종류 중 하나로 중소기업 등이 원활하게 가업승계를 할 수 있도록 거주자인 피상속인이 상속개시일 전 10년 이상 계속하여 경영한 중소기업 등의 상속에 해당하는 경우 가업상속 재산가액에 상당하는 금액 전액(100%)을 계속하여 경영한 기간에 따라 최대 600억원 한도까지 상속세과세가액에서 공제해 주는 제도이다.

- 상속세 세액계산 흐름도 -

총상속재산가액
- 본래 상속재산(사망·유증·사인증여로 취득한 재산)
- 간주 상속재산(보험금·퇴직금·신탁재산 등)
- 추정 상속재산(피상속인이 사망 전 1년(2년) 이내 2억원(5억원) 이상 재산 처분·인출 또는 부담한 채무 중 용도가 불분명한 금액)

(−)

비과세 및 과세가액 불산입액
- 비과세 재산(금양임야·문화재, 국가 등에 유증한 재산)
- 과세가액 불산입액(공익법인 출연재산, 공익신탁재산)

과세가액 공제
- 공과금, 장례비용, 채무(임대보증금, 은행대출금 등)

(+)

사전 증여재산 가액
- 상속개시일 전 10년 이내에 상속인(상속인 이외의 자 5년 이내)에게 증여한 재산
- 가업승계 증여세 특례 주식, 창업자금은 기간에 관계없이 합산

↓

상속세 과세가액

(−)

상속공제
- 인적공제 : (기초공제 + 그 밖의 인적공제)와 일괄공제 중 큰 금액, 배우자상속공제
- 물적공제 : 가업(영농)상속공제, 금융재산 상속공제, 재해손실 공제, 동거주택 상속공제

(−)

평가 수수료
- 부동산 등 감정평가 수수료, 비상장주식평가 수수료 등

↓

상속세 과세표준

(×)

세율

과세표준	1억원 이하	5억원 이하	10억원 이하	30억원 이하	30억원 이상
세율	10%	20%	30%	40%	50%
누진공제액	-	1천만원	6천만원	1억 6천만원	4억 6천만원

- 세대생략 상속분은 30%(미성년자로 20억원 초과 시 40%) 할증(대습상속인 경우 제외)

↓

상속세 산출세액 = (상속세 과세표준 × 세율) - 누진공제액

(−)

징수유예액
- 문화재 자료 등에 대한 징수유예액

(−)

세액공제
- 신고세액 공제(3%), 증여세액 공제, 단기재상속세액 공제, 외국납부 세액 공제

(+)

가산세
- 신고불성실 가산세(40%, 20%, 10%)
- 납부불성실 가산세

↓

상속세 납부할세액

- 상속공제액 -

공제의 종류	상속공제액
① 기초공제 (상증법 §18)	◦ 기초공제액 : 2억원
② 가업상속공제 (상증법 §18의2)	◦ 가업상속재산가액(300억원 ~ 600억원* 한도) ＊피상속인 가업영위기간 10년 이상 300억, 20년 이상 400억, 30년 이상 600억
③ 영농상속공제 (상증법 §18의3)	◦ 영농상속재산가액(공제한도 : 30억원)
④ 배우자상속공제 (상증법 §19)	◦ 배우자상속공제액 : Max(㉮, ㉯) 　㉮ Min(㉠, ㉡) (배우자상속재산 분할 시 적용) 　　㉠ 배우자가 실제 상속받은 금액(총재산가액-비과세・채무 등) 　　㉡ Min(ⅰ, ⅱ) 　　　ⅰ) (상속재산가액 × 배우자 법정상속지분) - (합산대상 증여재산 중 배우자가 증여받은 재산의 과세표준) 　　　ⅱ) 30억원 　㉯ 5억원
⑤ 그 밖의 인적공제 (상증법 §20)	◦ 자녀(태아 포함)공제 : 자녀수 × 5천만원 ◦ 미성년자공제 : 미성년자수 × 1천만원 × 19세까지 잔여연수 　＊상속인(배우자 제외) 및 동거가족 중 미성년자. 자녀공제와 중복가능 ◦ 연로자공제 : 연로자수 × 5천만원 　＊상속인(배우자 제외) 및 동거가족 중 65세 이상자에 한함 ◦ 장애인공제 : 장애인수 × 1천만원 × 성별・연령별 기대여명 연수 　＊상속인(배우자 제외) 및 동거가족 중 장애인 　＊자녀・미성년자・연로자・배우자공제와 중복공제 가능
⑥ 일괄공제 (상증법 §21)	◦ 일괄공제액 : Max(㉮, ㉯) 　㉮ 5억원　㉯ (기초공제 2억원 + ⑤ 그 밖의 인적공제 합계) 　＊배우자가 단독으로 상속받는 경우 : 일괄공제 적용 안 됨 　＊신고기한 내 무신고한 경우 : 일괄공제(5억원) 적용
⑦ 금융재산상속공제 (상증법 §22)	금융재산에서 금융채무를 차감한 순금융재산가액이 ◦ 2천만원 초과 시 :Min(㉮, ㉯) 　㉮ 순금융재산가액 × 20%와 2천만원 중 큰 금액　㉯ 2억원 ◦ 2천만원 미만 시 : 금융재산가액 전액
⑧ 재해손실공제 (상증법 §23)	◦ 신고기한 이내에 화재・자연재해 등으로 멸실・훼손된 손실가액
⑨ 동거주택상속공제 (상증법 §23의2)	◦ 상속주택가액(부수토지 포함) - 해당 자산에 담보된 채무 　＊6억원 한도
⑩ 공제적용 종합한도액 (상증법 §24)	상속세 과세가액에서 다음을 뺀 금액을 한도로 함 1. 상속인이 아닌 자에게 유증등을 한 재산가액 2. 상속인의 상속포기로 그 다음 순위 상속인이 상속받은 재산가액 3. (상속세 과세가액이 5억원 초과 시) 상속세 과세가액에 가산한 증여재산가액

가업상속공제 대상

가업상속공제를 적용하는 대상은 가업상속재산가액이다. '가업상속재산가액'이란 아래에서 설명할 가업상속 요건을 모두 갖춘 상속인이 받거나 받을 상속재산가액을 말하는 것으로 「소득세법」을 적용받는 가업(개인기업)과 「법인세법」을 적용받는 가업(법인기업)으로 구분해 다음과 같이 산정한다.

「소득세법」을 적용받는 가업

「소득세법」을 적용받는 가업에서 가업상속재산가액은 상속재산 중에서 가업에 직접 사용되는 토지, 건축물, 기계장치 등 사업용 자산의 가액에서 해당 자산에 담보된 채무액을 뺀 가액을 말한다.

「소득세법」을 적용받는 가업의 가업상속재산가액 = (상속재산 중 가업에 직접사용되는 토지·건물·기계장치 등 사업용 자산가액) − (해당 자산에 담보된 채무액)

「소득세법」을 적용받는 가업(개인기업)에서 가업상속재산가액 요건을 충족하려면 ① 가업에 직접 사용되어야 하고 ② 토지, 건축물, 기계장치 등 사업용 자산이어야 한다.

'가업에 직접 사용되어야 한다'는 의미는 개인기업이 토지 또는 건물을 재무상태표에 등재하여 보유하고 있더라도 가업에 직접 사용하지 않고 임대를 준 경우 가업상속공제 대상 자산에 해당하지 않는다는 의미이다.

'토지, 건축물, 기계장치 등 사업용 자산'이란 가업에 직접 사용되는 사업용 비유동자산인 유형자산 및 무형자산을 의미한다. 따라서 현금 및 현금성 자산, 재고자산 등 유동자산은 개인기업의 영업활동을 위해 사용되는 사업용 자산이지만 가업상속공제 대상에는 포함되지 않는다. 유동자산은 영업활동 과정에서 처분과 획득이 수시로 발생한다. 가업상속공제 사후 요건 규정을 초과하는 규모로 처분이 발생하면 공제받은 세액은 추징 대상이 되어 제도의 취지에 어긋나게 되는 문제도 있다. 또한 토지, 건물 등 유형자산이 재무상태표에 등재되어 있지 않고 개인 소유로 보유하고 있다면 가업에 직접 사용하고 있다고 하더라도 '사업용 자산' 요건에 부합하지 않기 때문에 가업상속공제 대상에서 제외된다.

「상속세 및 증여세법」에서는 상속 또는 증여 재산에 대한 평가 기준으로 시가평가를 원칙으로 하고 있다. 시가를 산정하기 어려운 경우를 대비하기 위하여 각 재산별로 보충적 평가방법을 규정해 놓고 있다. 상속 또는 증여 재산에 대해서는 시가평가가 원칙이고, 시가평가가 어려운 경우에는 반드시 「상속세 및 증여세법」에서 규정해 놓은 보충적 평가방법을 적용해 상속 또는 증여 재산가액을 산정해야 한다.

> 조심 2019중2136, 2019. 9. 9.
>
> 「상속세 및 증여세법 시행령」 제15조 제5항 제1호에서 「소득세법」을 적용받는 가업의 경우 "가업상속 재산가액"을 "가업에 직접 사용되는 토지, 건축물, 기계장치 등 사업용 자산의 가액에서 해당 자산에 담보된 채무액을 뺀 가액"으로 규정하고 있는 한편, 같은 조 제7항 제1호에서 가업승계 이후 처분이 제한되는 "가업용 자산"에 대하여 "가업에 직접 사용되는 토지, 건축물, 기계장치 등 사업용 자산"으로 규정하고 있는바, 문언상 가업상속재산과 처분제한재산이 동일한데, 1년 이내의 단기간 보유하거나 사업의 필요에 따라 언제든지 처분할 수 있는 자산인 유동자산을 위 두 규정에 동시에 부합하는 "사업용 자산"으로 본다면 정상적인 영업활동에 따라 유동자산이 단기에 처분될 경우 그 처분된 가액이 가업용 자산가액 총액의 20% 또는 10%를 넘는 경우 사후적인 상속세 추징대상이 되어 오히려 가업상속을 세제상 지원하려는 동 제도의 취지에 역행하는 결과가 되는 점(법인 가업의 경우 개인과 달리 처분제한재산을 "사업용 고정자산"으로 명시하고 있어 위와 같은 문제가 발생하지 아니함)등에 비추어 볼 때, **유동자산은 가업상속공제 대상인 사업용 자산에 포함되지 아니한다고 해석함이 타당함**

「상속세 및 증여세법」에 따라 「소득세법」을 적용받는 가업에서 가업상속재산인 토지, 건축물, 기계장치 등 사업용 자산은 상속개시일을 평가기준일로 한 시가평가를 실시해 가업상속재산가액을 산정해야 한다. 시가평가는 거래가액, 보상·경매·공매가액, 감정가액 중 확인되는 하나를 사용해야 하며, 실무에서는 감정평가를 통한 감정가액을 주로 사용한다. 감정가격을 결정할 때는 둘 이상의 감정기관에 감정을 의뢰해야 한다.

상속세를 납부할 목적으로 감정을 실시하고, 감정받은 평가가액으로 상속세를 신고·납부하면 감정평가기관의 평가에 따른 수수료는 상속세과세가액에서 공제를 받을 수 있다.

보충적 평가방법을 적용할 수밖에 없음을 입증해야 할 책임은 과세관청에 있다.

「법인세법」을 적용받는 가업

「법인세법」을 적용받는 가업에서 가업상속재산가액은 상속재산 중에서 가업에 해당하는 법인의 주식등의 가액에 그 법인의 총자산가액 중 '사업무관자산가액'을 제외한 자산가액이 차지하는 비율을 곱하여 계산한 금액에 해당하는 것을 말한다.

$$\begin{Bmatrix} \text{「법인세법」을} \\ \text{적용받는 가업의} \\ \text{가업상속재산가액} \end{Bmatrix} = \begin{Bmatrix} \text{상속재산 중} \\ \text{가업에 해당하는} \\ \text{법인의 주식등의 가액} \end{Bmatrix} \times \left(1 - \frac{\text{사업무관자산가액}}{\text{법인의 총자산가액}} \right)$$

「법인세법」을 적용받는 가업(법인기업)에서 가업상속재산가액 요건을 충족하려면 ① 상속재산 중 가업에 해당하는 법인의 주식등의 가액이 산출되어야 하고, ② 그 법인의 총자산가액이 계산되어야 하며, ③ 사업무관자산을 특정하고 그 가액을 산출한 후, ④ 그 법인의 총자산가액에서 사업무관자산가액을 차감한 자산가액을 계산하여, ⑤ 그 법인의 총자산가액으로 ④에서 계산된 자산가액을 나누어 그 법인의 총자산가액에서 사업무관자산가액이 제외된 자산가액의 비율을 산출한 후, ⑥ ①에서 산출한 상속재산 중 가업에 해당하는 법인의 주식등의 가액에 ⑤에서 산출한 비율을 곱해서 계산한 금액이어야 한다.

법인 주식 가액을 산출하기 위해서는 주식등에 대해 평가를 해야 한다. 「상속세 및 증여세법」에서는 주식등을 평가하는 방법을 '유가증권시장 및 코스닥시장에서 거래되는 주식등(=상장주식)'과 '그 외의 주식등(=비상장주식등)'으로 구분해 제시하고 있다. 따라서 가업상속재산가액을 산정하기 위해 법인의 주식등의 가액을 산출하기 위한 평가를 할 때는 「상속세 및 증여세법」에서 규정한 '상장주식의 평가' 또는 '비상장주식등의 평가'에 따라야 한다.

「법인세법」을 적용받는 가업에서 가업상속재산가액 산정에 가장 크게 영향을 미치는 요인 중 하나는 '사업무관자산'이다. 가업상속재산가액은 '가업에 해당하는 법인의 주식등의 가액'에 '법인의 총자산가액에서 사업무관자산가액을 제외한 자산가액이 차지하는 비율'을 곱하여 산정한다. 즉, 사업무관자산은 가업상속재산에서 제외되기 때문에 사업무관자산이 적을수록 가업상속재산가액은 많이 산정되고, 사업무관자산이 많을수록 가업상속재산가액은 적게 산정된다.

법인기업이 사업무관자산이 무엇인지에 대한 이해를 높이고 사업무관자산이 최소화되도록 전략적으로 설계하는 것은 가업상속공제를 통해 상속세를 최대한으로 절세할 수 있는 효과적인 절세 전략의 하나가 될 수 있다. 사업무관자산을 줄이기 위해서는 물리적인 시간 소요가 필요하다. 사업무관자산 최소화 전략을 사용하기 위해서는 오랜 기간에 걸친 준비를 해야 한다.

사업무관자산을 최소화하려면 사업무관자산이 무엇인지를 먼저 알아야 한다. 「상속세 및 증여세법 시행령」에서는 상속개시일 현재 법인이 소유하고 있는 자산 중 다음의 어느 하나에 해당하는 자산을 사업무관자산으로 규정하고 있다.

① 「법인세법」제55조의2에 해당하는 비사업용토지, 주택 및 주택부수토지, 별장

② 「법인세법 시행령」제49조(업무와 관련이 없는 자산의 범위 등)에 해당하는 자산 및 타인에게 임대하고 있는 부동산(지상권 및 부동산임차권 등 부동산에 관한 권리를 포함한다.)

③ 「법인세법 시행령」제61조 제1항 제2호에 의한 대여금 : 금전소비대차 계약 등에 의하여 타인에게 대여한 금액

④ 과다보유현금 : 상속개시일 현재 가업에 해당하는 법인이 보유하는 현금이 상속개시일 직전 5개 사업연도 말 평균 현금 보유액의 100분의 150을 초과하는 경우

⑤ 법인의 영업활동과 직접 관련이 없이 보유하고 있는 주식등, 채권 및 금융상품

여기에서 사업무관자산 여부를 결정하는 기준 시점은 상속개시일 현재임에 주의해야 한다. 상속은 사망으로 개시된다. 상속개시일은 사망일이다. 사망일은 법인기업, 피상속인, 상속인 등이 스스로 의사결정하여 원하는 시기를 선택할 수 없다. 따라서 가업상속공제를 적용받기를 희망하는 법인기업은 상속개시일과 무관하게 오랜 기간에 걸쳐 사업무관자산 관리에 신경을 써야 한다. 앞서도 이야기했듯이 사업무관자산을 줄이기 위해서는 물리적으로 오랜 시간 소요가 필요하기 때문이다.

「상속세 및 증여세법 시행령」에서 규정하고 있는 사업무관자산 중 대여금과 관련해서는 법인의 특수관계인에게 업무와 관계없이 지급한 가지급금도 사업무관자산으로 본다.

> 조심 2013서1534, 2014. 5. 8.
>
> 청구법인이 **특수관계법인에게 무이자로 자금을 대여한 자금은 업무무관가지급금**으로서 법인세법상 부당행위계산부인규정 등의 적용대상에 해당함

세무당국은 법인이 보유하고 있는 완전자회사 주식은 해당 법인의 영업활동과 직접 관련이 없이 보유하는 주식에 해당한다고 유권해석을 해 왔었다. 그러나 2018년 7월 대법원에서 '가업상속공제 적용대상 주식은 영업활동과 직접 관련이 있는지 여부만으로 판단하여야 한다.'는 판결이 나온 이후 자회사 주식을 사업무관자산에 해당하지 않는다고 판단하는 사례가 증가하고 있다.

> 대법원 2018두39713, 2018. 7. 13. 완료
>
> **[요 지]** 가업상속공제 적용대상 주식 판단시 <u>영업활동과 직접 관련이 없이 보유하고 있는 주식은 그 문언 그대로 영업활동과 직접 관련이 있는지 여부만으로 판단하여야 하며</u>, 이 사건 쟁점지분은 영업활동과 직접 관련이 있다고 봄이 타당함
>
> 　가업상속공제제도는 상속인이 과도한 상속세 부담으로 인하여 피상속인이 생전에 영위하던 가업의 상속을 포기하는 것을 방지함으로써 경제의 근간이 되는 중소기업의 원활한 승계를 지원하고 이를 통하여 경제발전과 고용유지의 효과를 도모하기 위하여 도입된 제도인바, 구 상증세법 시행령 제15조 제5항 제2호 마목의 영업활동의 의미를 지나치게 축소해석할 경우 가업상속공제제도 본래의 취지와 다르게 종속기업과 관계기업 및 공동지배기업을 통하여 영업활동을 하는 중소기업은 종속기업과 관계기업 및 공동지배기업을 통하여 영업활동을 하였다는 이유만으로 가업상속공제를 받을 수 없는 부당한 결과가 초래될 수 있다.
> 　또한 자유시장 경제질서 하에서 기업들이 해외 진출과 사업다각화 등으로 성장을 도모하기 위하여 자회사 설립, 물적분할, 타기업 인수합병을 하는 것은 보편적인 현상인바, 구 상증세법 시행령 제15조 제5항 제2호 마목의 영업활동의 의미를 지나치게 축소해석할 경우 중소기업들의 해외 진출과 사업다각화를 통한 성장을 방해하는 결과가 초래될 수도 있다.
> 　결국 구 상증세법 시행령 제15조 제5항 제2호 마목의 영업활동과 직접 관련이 없이 보유하고 있는 주식은 그 문언 그대로 영업활동과 직접 관련이 있는지 여부만으로 판단하여야 하고, 영업활동의 의미를 지나치게 축소해석하거나 자의적으로 다른 요건을 부가하여 해석하여서는 아니된다.

조심 2021인2887, 2021. 8. 24.

AAA가 실질적으로 BBB의 해외 생산공장으로 운영되고 있는 것으로 보이고, AAA와 BBB의 직접적인 사업관련성을 부인하기 어려운 점 등에서 **처분청이 쟁점출자금 관련 지분을 BBB의 영업활동과 직접 관련이 없는 자산으로 보아 가업상속공제 대상에서 제외한 것은 잘못이 있다고 판단됨**

조심 2021서2825, 2021. 12. 9.

청구인이 제출한 자료 등을 살펴볼 때 쟁점법인은 단기간 내 시세차익 등을 목적으로 한 단기매매증권, 매도가능증권 등과 달리 쟁점법인의 영업활동을 강화하기 위하여 쟁점주식을 보유한 것으로 보이는 점, 쟁점법인은 화장품 표시·광고 실증에 관한 규정 제5조에 따라 독립적인 조사기관인 CCC를 설립하여 화장품 제조업체와 화장품 원재료 거래시 CCC를 통해 임상시험 등의 실증검사를 수행하고 있고, CCC와 쟁점법인의 동일거래처 비중, 양사간 공동마케팅 및 연구활동 등 협력관계를 통해 CCC가 쟁점법인의 매출에 기여한 측면이 있어 쟁점법인의 영업활동과 실질적인 관련이 없다고 보기는 어려운 점 등에 비추어 **쟁점주식을 「상속세 및 증여세법 시행령」제15조 제5항 제2호 마목의 영업활동과 직접 관련이 없이 보유하고 있는 주식에 해당하지 않는 것으로 보고 「조세특례제한법」 제30조의6 및 같은 법 시행령 제27조의6의 가업승계에 대한 증여세 과세특례를 적용하여 이건 과세처분의 증여세 과세표준 및 세액을 경정하는 것이 타당하다고 판단됨**

가업상속공제액

가업상속공제 한도액 및 적용

거주자의 사망으로 상속이 개시되는 경우 가업의 상속에 해당하면 가업상속재산가액에 상당하는 금액을 상속세 과세가액에서 공제한다. 이때 공제한도는 피상속인이 가업을 계속하여 경영한 기간에 따라 달라지며 최대 600억원을 한도로 공제한다.

> 가업상속공제액 = Min(①, ②)
> ① 가업상속재산가액 상당액 : 가업상속재산가액 × 100%
> ② 한도 : 10년 이상 300억원, 20년 이상 400억원, 30년 이상 600억원

가업상속공제액은 가업상속재산가액 상당액과 피상속인이 가업을 계속하여 경영한 기간에 따른 한도액 중 적은 금액을 공제한다. 이 말의 의미는 예를 들어 피상속인이 가업을 계속하여 경영한 기간이 10년 이상 20년 미만인 가업이라면 가업상속재산가액 상당액이 300억원 미만일 때는 가업상속공제액으로 가업상속재산가액 상당액을 전액 공제하고, 가업상속재산가액 상당액이 300억원을 초과할 때는 공제한도액인 300억원을 가업상속공제액으로 공제하고 300억원을 초과하는 가업상속재산가액 상당액은 가업외의 상속재산가액에 합산하여 일반 상속세율로 과세한다는 것이다.

피상속인이 2개 이상의 독립된 기업을 영위하던 중 상속이 개시될 때는 2개 이상의 독립된 기업들에 대해 각각 가업에 해당하는지를 판단한다. 이때 피상속인이 경영하던 2개 이상의 독립된 기업들이 모두 가업에 해당한다면 상속인 요건을 갖춘 한 사람에게 2개 이상의 가업을 모두 상속할 수도 있고, 상속인 요건을 갖춘 상속인이 두 사람 이상일 때는 2개 이상의 가업을 가업별로 각각 상속인들에게 상속하거나 2개 이상의 가업을 두 사람 이상의 상속인들에게 공동 상속을 할 수도 있다.

2개 이상의 가업을 1인이 모두 상속받거나, 2인 이상의 상속인들에게 공동 상속할 때 가업상속공제한도는 피상속인이 계속하여 경영한 기간이 가장 긴 기업의 계속 경영기간에 대한 공제한도를 적용한다. 공제순서는 피상속인이 계속하여 경영한 기간이 긴 기업의 가업상속재산가액부터 순차적으로 상속세 과세가액에서 공제한다.

〈예〉 2개 이상의 가업이 각각 영위기간이 다를 경우 가업상속공제액

가업영위기간	상속가액	공제순서	공제한도액	공제액
35년	100억원	1	600억원	100억원
15년	500억원	3	Min[(600억원-100억원-400억원), 300억원]	100억원
27년	400억원	2	Min[(600억원-100억원), 400억원]	400억원

2개 이상의 가업을 2인 이상의 상속인들에게 가업별로 각각 상속할 때는 각각 개별 가업기업별로 피상속인이 계속하여 경영한 기간에 따른 가업상속공제한도가 적용된다.

가업상속공제의 배제 - 상속세 납부 능력 검증

중견기업에 해당하는 가업에 대해서는 상속인의 상속세 납부능력을 검증하여 가업상속공제 적용 여부를 결정한다. 상속세 납부능력 검증은 가업상속인의 가업상속재산 이외의 상속재산가액과 가업상속인이 가업상속공제를 받지 않았을 때를 가정하여 계산한 상속세액에 일정한 비율을 곱한 금액을 비교하여 검증한다. 검증 결과 가업상속인의 가업상속재산 이외의 상속재산가액이 해당 가업상속인이 가업상속공제를 받지 않았다면 상속세로 납부할 금액에 일정한 비율을 곱한 금액을 초과한다면 해당 상속인이 상속받거나 받을 가업상속재산에 대해서는 가업상속공제를 적용하지 않는다.

여기에서 해당 가업상속인이 상속세로 납부할 금액에 일정한 비율을 곱한 금액이란 가업상속인이 가업상속에 따른 가업상속공제를 받지 않았을 경우 상속세 납세의무에 따라 계산한 상속세액에 100분의 200을 곱한 금액을 말한다.

즉, 중견기업의 상속에 대해서는 가업상속 요건을 갖춘 경우라도 상속세 납부 능력을 검증하여 가업상속인이 가업상속재산을 제외한 일반 상속재산가액이 상속재산 전체에 대해 가업상속공제를 받지 않았을 경우를 가정하여 상속세 납세의무에 따라 계산한 상속세액의 2배를 초과하게 되면 가업상속공제를 적용하지 않는다는 것이다.

이 상속세 납부증력 검증은 중견기업 가업상속공제 시에만 적용하고, 중소기업 가업상속공제에는 적용하지 않는다.

상속세 납부능력 검증기준 충족 요건 = ① ≤ ②
① 가업상속인의 가업상속재산 외 상속재산가액
② 가업상속인이 가업상속공제를 받지 않았을 때 부담하는 상속세액 × 2

가업상속공제 요건

가업상속공제를 받기 위해서는 신청 조건인 사전요건을 충족해야 하고, 가업상속공제를 받은 후에는 법률에서 정하는 기간 동안 사후관리 요건을 유지해야 한다. 가업상속공제 제도는 중소기업등이 원활하게 가업승계를 진행하여 경영노하우를 유지하고 활용할 수 있도록 지원하기 위하여 높은 공제한도로 세제혜택을 주는 제도이다. 그러므로 가업상속공제를 적용받을 대상을 명확하게 설정할 필요가 있다. 세제혜택을 받은 중소기업등이 지속적인 부가가치를 창출하여 경제성장에 기여하는 동시에 안정된 일자리를 유지·확대하는 효과를 도모하도록 해야 하기 때문이다.

가업상속공제 사전 요건

가업상속공제를 적용받기 위해서는 상속개시일 현재 가업 요건, 피상속인 요건, 상속인 요건을 모두 충족하여야 한다.

가업 요건

가업상속공제를 적용받기 위해 충족해야 할 가업 요건에는 가업 경영 기간 요건과 업종 및 가업 규모 요건이 있다.

가업 경영 기간 요건

　가업상속공제를 적용받기 위한 가업은 피상속인이 10년 이상 계속하여 경영한 기업이어야 한다. 여기에서 경영이란 단순히 지분을 소유하는 것을 넘어 가업의 효과적이고 효율적인 관리 및 운영을 위하여 실제 가업 운영에 참여한 경우를 의미하며, 피상속인이 상속개시일까지 계속해서 사실상 경영해야 함을 의미한다.

　가업상속공제 대상 가업은 피상속인이 10년 이상 계속하여 경영한 기업이어야 한다. 2022년 2월 15일 전까지는 주된 업종을 10년 이상 계속해서 변경 없이 유지하면서 경영한 경우로 한정해서 적용하고 있었다. 시장환경 변화나 기업 확장 전략에 따라 주된 업종을 변경한 경우라도 주된 업종이 변경된 후 첫 매출이 발생한 시점부터 다시 10년 이상 계속하여 경영하여야 가업 경영 기간 요건을 충족하는 것으로 법률을 해석하였다. 이에 가업 경영 기간 요건이 너무 협소해 충족시키기가 까다로워 중소기업등의 원활한 가업승계를 지원하는 가업상속공제 제도의 본래 취지와 달리 중소기업등의 중장기적 발전을 저해할 우려가 있다는 지적이 꾸준하게 제기되었다.

　2022년 2월 15일 「상속세 및 증여세법 시행령」을 개정해 피상속인이 가업을 영위한 기간을 계산할 때 한국표준산업분류 상 동일한 대분류 내의 다른 업종으로 주된 사업을 변경한 때에는 변경 전 업종으로 사업을 영위한 기간을 가업 영위 기간에 합산하도록 하여 가업상속공제 대상을 확대하였다.

　한 개 기업에서 2 이상의 서로 다른 사업을 영위하는 경우 사업별 수입금액이 큰 사업을 주된 사업으로 보며, 가업 경영 기간은 가업상속 대상기업이 영위하던 주된 업종을 기준으로 판단한다. 피상속인이 가업을 영위한 기간을 계산할 때 「상속세 및 증여세법 시행령」이 개정된 2022년 2월 15일 이후 상속이 개시되는 때부터는 사업 영위 중에 주된 업종이 변경되었을 경우 한국표준산업분류 상 동일한 대분류 내의 다른 업종으로 주된 사업을 변경한 때에는 업종 변경으로 보지 않고 사업을 영위한 기간을 합산한다.

피상속인이 개인사업자로 영위하던 가업을 동일한 업종의 법인기업으로 전환하고 법인 설립 이후 피상속인이 계속하여 그 법인의 최대주주등을 유지하는 경우에는 피상속인이 개인사업자로 가업을 영위하던 기간을 가업 경영기간에 포함하여 계산한다.

업종 및 가업규모 요건

가업상속공제를 적용받기 위해서는 상속개시일 직전 소득세 과세기간 또는 법인세 사업연도 말 현재 다음의 요건을 모두 갖춘 중소기업 또는 중견기업이어야 한다.

① 중소기업 요건

가업상속공제를 적용받는 중소기업은 상속개시일 직전 소득세 과세기간 또는 법인세 사업연도 말 현재 다음의 요건을 모두 갖춘 기업이어야 한다.

① 별표에 따른 업종을 주된 사업으로 영위할 것
② 「조세특례제한법 시행령」제2조제1항제1호 및 제3호의 요건을 충족할 것
③ 자산총액이 5천억원 미만일 것

■ 상속세 및 증여세법 시행령 [별표] 〈개정 2023. 2. 17.〉
가업상속공제를 적용받는 중소·중견기업의 해당업종(제15조 제1항 및 제2항 관련)

1. 한국표준산업분류에 따른 업종

표준산업분류상 구분	가업 해당 업종
가. 농업, 임업 및 어업(01~03)	작물재배업(011) 중 종자 및 묘목생산업(01123)을 영위하는 기업으로서 다음의 계산식에 따라 계산한 비율이 100분의 50 미만인 경우 [제15조제7항에 따른 가업용 자산 중 토지(「공간정보의 구축 및 관리 등에 관한 법률」에 따라 지적공부에 등록해야 할 지목에 해당하는 것을 말한다) 및 건물(건물에 부속된 시설물과 구축물을 포함한다)의 자산의 가액] ÷ (제15조제7항에 따른 가업용 자산의 가액)
나. 광업(05~08)	광업 전체
다. 제조업(10~33)	제조업 전체. 이 경우 자기가 제품을 직접 제조하지 않고 제조업체(사업장이 국내 또는 「개성공업지구 지원에 관한 법률」제2조제1호에 따른 개성공업 지구에 소재하는 업체에 한정한다)에 의뢰하여 제조하는 사업으로서 그 사업이 다음의 요건을 모두 충족하는 경우를 포함한다. 1) 생산할 제품을 직접 기획(고안·디자인 및 견본제작 등을 말한다)할 것 2) 해당 제품을 자기명의로 제조할 것 3) 해당 제품을 인수하여 자기책임하에 직접 판매할 것
라. 하수 및 폐기물 처리, 원료 재생, 환경정화 및 복원업(37~39)	하수·폐기물 처리(재활용을 포함한다), 원료 재생, 환경정화 및 복원업 전체
마. 건설업(41~42)	건설업 전체
바. 도매 및 소매업(45~47)	도매 및 소매업 전체
사. 운수업(49~52)	여객운송업[육상운송 및 파이프라인 운송업(49), 수상 운송업(50), 항공 운송업(51) 중 여객을 운송하는 경우]
아. 숙박 및 음식점업(55~56)	음식점 및 주점업(56) 중 음식점업(561)
자. 정보통신업(58~63)	출판업(58)
	영상·오디오 기록물제작 및 배급업(59). 다만, 비디오물 감상실 운영업(59142)은 제외한다.
	방송업(60)
	우편 및 통신업(61) 중 전기통신업(612)
	컴퓨터 프로그래밍, 시스템 통합 및 관리업(62)
	정보서비스업(63)

차. 전문, 과학 및 기술 서비스업 (70~73)	연구개발업(70)
	전문서비스업(71) 중 광고업(713), 시장조사 및 여론조사업(714)
	건축기술, 엔지니어링 및 기타 과학기술 서비스업(72) 중 기타 과학기술 서비스업(729)
	기타 전문, 과학 및 기술 서비스업(73) 중 전문디자인업(732)
카. 사업시설관리 및 사업지원 서비스업(74~75)	사업시설 관리 및 조경 서비스업(74) 중 건물 및 산업설비 청소업(7421), 소독, 구충 및 방제 서비스업(7422)
	사업지원 서비스업(75) 중 고용알선 및 인력 공급업(751, 농업노동자 공급업을 포함한다), 경비 및 경호 서비스업(7531), 보안시스템 서비스업(7532), 콜센터 및 텔레마케팅 서비스업(75991), 전시, 컨벤션 및 행사 대행업(75992), 포장 및 충전업(75994)
타. 임대업 : 부동산 제외(76)	무형재산권 임대업(764, 「지식재산 기본법」 제3조제1호에 따른 지식재산을 임대하는 경우로 한정한다)
파. 교육서비스업 (85)	교육 서비스업(85) 중 유아 교육기관(8511), 사회교육시설(8564), 직원훈련기관(8565), 기타 기술 및 직업훈련학원(85669)
하. 사회복지 서비스업(87)	사회복지서비스업 전체
거. 예술, 스포츠 및 여가관련 서비스업(90~91)	창작, 예술 및 여가관련 서비스업(90) 중 창작 및 예술관련 서비스업(901), 도서관, 사적지 및 유사 여가관련 서비스업(902). 다만, 독서실 운영업(90212)은 제외한다.
너. 협회 및 단체, 수리 및 기타 개인 서비스업 (94~96)	기타 개인 서비스업(96) 중 개인 간병인 및 유사 서비스업(96993)

2. 개별법률의 규정에 따른 업종

가업 해당 업종
가. 「조세특례제한법」 제7조제1항제1호커목에 따른 직업기술 분야 학원
나. 「조세특례제한법 시행령」 제5조제9항에 따른 엔지니어링사업
다. 「조세특례제한법 시행령」 제5조제7항에 따른 물류산업
라. 「조세특례제한법 시행령」 제6조제1항에 따른 수탁생산업
마. 「조세특례제한법 시행령」 제54조제1항에 따른 자동차정비공장을 운영하는 사업
바. 「해운법」에 따른 선박관리업
사. 「의료법」에 따른 의료기관을 운영하는 사업

아.	「관광진흥법」에 따른 관광사업(카지노업, 관광유흥음식점업 및 외국인전용 유흥음식점업은 제외한다)
자.	「노인복지법」에 따른 노인복지시설을 운영하는 사업
차.	법률 제15881호 노인장기요양보험법 부칙 제4조에 따라 재가장기요양기관을 운영하는 사업
카.	「전시산업발전법」에 따른 전시산업
타.	「에너지이용 합리화법」 제25조에 따른 에너지절약전문기업이 하는 사업
파.	「국민 평생 직업능력 개발법」에 따른 직업능력개발훈련시설을 운영하는 사업
하.	「도시가스사업법」 제2조제4호에 따른 일반도시가스사업
거.	「연구산업진흥법」 제2조제1호나목의 산업
너.	「민간임대주택에 관한 특별법」에 따른 주택임대관리업
더.	「신에너지 및 재생에너지 개발·이용·보급 촉진법」에 따른 신·재생에너지 발전사업

■ 「조세특례제한법 시행령」제2조 제1항 제1호 및 제3호의 요건

1. 매출액이 업종별로 「중소기업기본법 시행령」별표1에 따른 규모 기준 이내일 것
3. 실질적인 독립성이 「중소기업기본법 시행령」제3조 제1항 제2호에 적합할 것

① 「중소기업기본법 시행령」[별표1]

해당 기업의 주된 업종	분류기호	규모 기준
1. 의복, 의복액세서리 및 모피제품 제조업	C14	평균매출액등 1,500억원 이하
2. 가죽, 가방 및 신발 제조업	C15	
3. 펄프, 종이 및 종이제품 제조업	C17	
4. 1차 금속 제조업	C24	
5. 전기장비 제조업	C28	
6. 가구 제조업	C32	
7. 농업, 임업 및 어업	A	평균매출액등 1,000억원 이하
8. 광업	B	
9. 식료품 제조업	C10	

10. 담배 제조업	C12	
11. 섬유제품 제조업(의복 제조업은 제외한다)	C13	
12. 목재 및 나무제품 제조업(가구 제조업은 제외한다)	C16	
13. 코크스, 연탄 및 석유정제품 제조업	C19	
14. 화학물질 및 화학제품 제조업(의약품 제조업은 제외한다)	C20	
15. 고무제품 및 플라스틱제품 제조업	C22	
16. 금속가공제품 제조업(기계 및 가구 제조업은 제외한다)	C25	
17. 전자부품, 컴퓨터, 영상, 음향 및 통신장비 제조업	C26	
18. 그 밖의 기계 및 장비 제조업	C29	
19. 자동차 및 트레일러 제조업	C30	
20. 그 밖의 운송장비 제조업	C31	
21. 전기, 가스, 증기 및 공기조절 공급업	D	
22. 수도업	E36	
23. 건설업	F	
24. 도매 및 소매업	G	
25. 음료 제조업	C11	평균매출액등 800억원 이하
26. 인쇄 및 기록매체 복제업	C18	
27. 의료용 물질 및 의약품 제조업	C21	
28. 비금속 광물제품 제조업	C23	
29. 의료, 정밀, 광학기기 및 시계 제조업	C27	
30. 그 밖의 제품 제조업	C33	
31. 수도, 하수 및 폐기물 처리, 원료재생업(수도업은 제외한다)	E(E36 제외)	
32. 운수 및 창고업	H	
33. 정보통신업	J	
34. 산업용 기계 및 장비 수리업	C34	평균매출액등 600억원 이하
35. 전문, 과학 및 기술 서비스업	M	
36. 사업시설관리, 사업지원 및 임대 서비스업(임대업은 제외)	N(N76 제외)	

37. 보건업 및 사회복지 서비스업	Q	
38. 예술, 스포츠 및 여가 관련 서비스업	R	
39. 수리(修理) 및 기타 개인 서비스업	S	
40. 숙박 및 음식점업	I	
41. 금융 및 보험업	K	평균매출액등 400억원 이하
42. 부동산업	L	
43. 임대업	N76	
44. 교육 서비스업	P	

비고
1. 해당 기업의 주된 업종의 분류 및 분류기호는 「통계법」제22조에 따라 통계청장이 고시한 한국표준산업분류에 따른다.
2. 위 표 제19호 및 제20호에도 불구하고 자동차용 신품 의자 제조업(C30393), 철도 차량 부품 및 관련 장침ㄹ 제조업(C31202) 중 철도 차량용 의자 제조업, 항공기용 부품 제조업(C31322) 중 항공기용 의자 제조업의 규모 기준은 평균매출액등 1,500억원 이하로 한다.

② 「중소기업기본법 시행령」제3조 제1항 제2호

중소기업기본법 시행령 제3조 제1항 제2호는 중소기업은 매출액 기준 외에 소유와 경영의 실질적 독립성을 갖추고 있어야 한다는 조항이다. 따라서 가업상속공제를 적용받고자 하는 중소기업은 이 조항에 적합해야 하므로 소유와 경영의 실질적 독립성을 갖춘 기업이어야 한다.

> ✔ 중소기업기본법 시행령 제3조(중소기업의 범위)
> ① 2. 소유와 경영의 실질적인 독립성이 다음 각 목의 어느 하나에 해당하지 아니하는 기업일 것
> 가. 삭제 〈2020. 6. 9.〉
> 나. 자산총액이 5천억원 이상인 법인(외국법인을 포함하되, 비영리법인 및 제3조의2 제3항 각 호의 어느 하나에 해당하는 자는 제외한다)이 주식등의 100분의 30 이상을 직접적 또는 간접적으로 소유한 경우로서 최다출자자인 기업. 이 경우 최다출자자는 해당 기업의 주식등을 소유한 법인 또는 개인으로서 단독으로 또는 다음의 어느 하나에 해당하는 자와 합산하여 해당 기업의 주식등을 가장 많이 소유한 자를 말하며, 주식등의 간접소유 비율에 관하여는 「국제조세조정에 관한 법률 시행령」 제2조 제3항을 준용한다.
> 1) 주식등을 소유한 자가 법인인 경우: 그 법인의 임원

2) 주식등을 소유한 자가 1)에 해당하지 아니하는 개인인 경우: 그 개인의 친족
다. 관계기업에 속하는 기업의 경우에는 제7조의4에 따라 산정한 평균매출액 등이 별표 1의 기준에 맞지 아니하는 기업
라. 삭제 〈2017. 12. 29.〉

중소기업기본법 시행령 제3조 제1항 제2호 나목에서 '주식등의 간접소유 비율에 관하여는「국제조세조정에 관한 법률 시행령」제2조 제3항을 준용한다.'는 것은 주식등의 간접소유 비율을 계산할 때「자본시장과 금융투자업에 관한 법률」에 따른 집합투자기구를 통해 간접소유한 경우는 제외한다는 의미이다.

중소기업기본법 시행령 제3조 제1항 제2호 다목에 따라 '평균매출액등이 별표1의 기준에 맞지 않는 기업'은 중소기업기준에 맞지 않는 기업으로 본다.

② 중견기업 요건

가업상속공제를 적용받는 중견기업은 상속개시일 직전 소득세 과세기간 또는 법인세 사업연도 말 현재 다음의 요건을 모두 갖춘 기업이어야 한다.

① 별표에 따른 업종을 주된 사업으로 영위할 것
②「조세특례제한법 시행령」제9조제4항제1호 및 제3호 요건을 충족할 것
③ 상속개시일 직전 3개 소득세 과세기간 또는 법인세 사업연도 매출액의 평균금액이 5천억원 미만인 기업일 것

■ 상속세 및 증여세법 시행령 [별표] 〈개정 2022. 2. 17.〉
가업상속공제를 적용받는 중소·중견기업의 해당업종(제15조제1항 및 제2항 관련)

1. 한국표준산업분류에 따른 업종

2. 개별법률의 규정에 따른 업종
→ 중소기업 업종 요건과 동일

■ 「조세특례제한법 시행령」 제9조 제4항 제1호 및 제3호의 요건

1. 중소기업이 아닐 것
3. 소유와 경영의 실질적인 독립성이 「중견기업 성장촉진 및 경쟁력 강화에 관한 특별법 시행령」 제2조 제2항 제1호에 적합할 것

✔ 중견기업 성장촉진 및 경쟁력 강화에 관한 특별법 시행령 제2조(중견기업 및 중견기업 후보기업의 범위)
② 1. 소유와 경영의 실질적인 독립성이 다음 각 목의 어느 하나에 해당하지 아니하는 기업일 것
　　가. 「독점규제 및 공정거래에 관한 법률」 제31조 제1항에 따른 상호출자제한기업집단에 속하는 기업
　　나. 「독점규제 및 공정거래에 관한 법률 시행령」 제38조제2항에 따른 상호출자제한기업집단 지정기준인 자산총액 이상인 기업 또는 법인(외국법인을 포함한다. 이하 같다)이 해당 기업의 주식(「상법」 제344조의3에 따른 의결권 없는 주식은 제외한다) 또는 출자지분(이하 "주식등"이라 한다)의 100분의 30 이상을 직접적 또는 간접적으로 소유하면서 최다출자자인 기업. 이 경우 최다출자자는 해당 기업의 주식등을 소유한 법인 또는 개인으로서 단독으로 또는 다음의 어느 하나에 해당하는 자와 합산하여 해당 기업의 주식등을 가장 많이 소유한 자로 하며 주식등의 간접소유 비율에 관하여는 「국제조세조정에 관한 법률 시행령」 제2조 제3항을 준용한다.
　　　1) 주식등을 소유한 자가 법인인 경우: 그 법인의 임원
　　　2) 주식등을 소유한 자가 개인인 경우: 그 개인의 친족

■ 매출액 요건

　중견기업이 가업상속공제 대상이 되기 위해서는 상속개시일 직전 3개 소득세 과세기간 또는 법인세 사업연도 매출액의 평균금액이 5천억원 미만인 기업이어야 한다. 여기에서 매출액은 기획재정부령이 정하는 바에 따라 기업회계기준에 따라 작성한 손익계산서상의 매출액으로 하며, 소득세 과세기간 또는 법인세 사업연도가 1년 미만인 소득세 과세기간 또는 법인세 사업연도의 매출액은 1년으로 환산한 매출액을 말한다.

피상속인 요건

피상속인이 법인의 주주인 경우 피상속인은 최대주주등이어야 하고, 일정 기간 이상 대표이사(개인사업자인 경우에는 대표자)로 재직해야 하는 요건을 모두 충족해야 한다.

① 최대주주지분 요건

중소기업 또는 중견기업의 최대주주등으로서 피상속인과 그의 특수관계인의 주식등을 합해 해당 기업의 발행주식총수의 40%(상장법인인 경우 20%) 이상을 10년 이상 계속하여 보유해야 한다. 여기에서 특수관계인이란 피상속인과 4촌 이내의 혈족, 3촌 이내의 인척, 사실상 혼인관계에 있는 자를 포함한 배우자, 친생자로서 다른 사람에게 친양자 입양된 자 및 그 배우자와 직계비속을 말한다.

최대주주등이란 주주 1인과 그의 특수관계인이 보유한 주식등을 모두 합하여 그 보유 주식등의 합계가 가장 많을 때 해당 주주 1인과 그의 특수관계인 모두를 말한다. 즉, 피상속인과 그의 특수관계인이 보유한 주식등을 합해 최대주주등인 경우에는 피상속인 및 그와 특수관계인 모두를 최대주주등으로 보기 때문에 피상속인의 지분이 가장 크지 않더라도 다른 모든 요건을 충족한 때에는 가업상속공제가 적용된다.

발행주식총수의 40%(20%) 이상을 10년 이상 계속하여 보유하였는지를 판단할 때 「상법」에 따른 의결권 없는 우선주는 발행주식총수 및 피상속인과 그의 특수관계인이 보유한 주식수에서 제외한다. 또, 주식발행법인이 보유한 자기주식은 발행주식총수에서 제외한다.

과세관청에서는 피상속인이 10년 이상 해당 주식을 보유하여야만 가업상속공제를 적용할 수 있다는 입장을 명확히 밝혀 왔었다. 그러나 최근 대법원에서 "'피상속인이 상속재산인 해당 주식을 10년 이상 계속하여 보유할 것'은 「상속세 및 증여세법」제18조 제2항 제1호에 따른 가업상속공제를 적용하기 위한 요건이라고 할 수 없음(대법원 2021.8.26. 선고 2021두38741 판결, 같은 뜻임)"이라고 판결이 남으로써 피상속인이 10년 이상 계속 보유하지 않은 주식에 대해서도 가업상속공제를 적용받을 수 있게 되었다.

대법원 2021두38741, 2021. 8. 26. 심리불속행(완료)

【요 지】'피상속인이 상속재산인 해당 주식을 10년 이상 계속하여 보유할 것'은 구 상증세법 제18조 제2항 제1호에 따른 <u>가업상속 공제를 적용하기 위한 요건이라고 할 수 없다.</u>

【판단 내용】
구 상증세법 제18조 제2항 제1호는 '가업'을 '대통령령으로 정하는 중소기업 또는 대통령령으로 정하는 중견기업(이하 "중소기업 등"이라 한다)으로서 피상속인이 10년 이상 계속하여 경영한 기업'으로 정의하면서 가업상속에 해당하는 경우 가업상속 재산가액에 상당하는 금액을 상속세 과세가액에서 공제한다고 규정하고 있다.

구 상증세법 제18조 제4항의 위임에 따른 구 상증세법 시행령 제15조 제3항 제1호 (가)목은 구 상증세법 제18조 제2항 제1호에 따른 가업상속의 적용을 위한 피상속인의 요건 중 하나로 '중소기업 등의 최대주주 또는 최대출자자(이하 "최대주주 등"이라 한다)인 경우로서 피상속인과 그의 특수관계인의 주식 등을 합하여 해당 기업의 발행주식총수 등의 100분의 50(거래소에 상장되어 있는 법인이면 100분의 30) 이상을 10년 이상 계속하여 보유할 것'을 정하고 있다. 위 시행령 조항의 "최대주주 등"은 주주 또는 출자자 1인과 그의 특수관계인의 보유주식 등을 합하여 그 보유주식 등의 합계가 가장 많은 경우의 해당 주주 등 1인과 그의 특수관계인 모두를 말한다(구 상증세법 시행령 제19조 제2항 참조).

위 각 규정의 문언과 내용 및 형식, 체계 등을 종합하여 보면, '피상속인이 상속재산인 해당 주식을 10년 이상 계속하여 보유할 것'은 구 상증세법 제18조 제2항 제1호에 따른 가업상속 공제를 적용하기 위한 요건이라고 할 수 없다. 그 이유는 다음과 같다.

비상장법인의 형태로 기업을 경영한 경우에 있어 가업상속 공제요건 중 피상속인의 주식 보유에 관한 구 상증세법 시행령 제15조 제3항 제1호 (가)목은 '피상속인이 중소기업 등의 최대주주 등인 경우로서 그의 특수관계인의 주식 등을 합하여 발행주식총수 등의 100분의 50 이상을 10년 이상 계속 보유할 것'을 정하고 있으므로 위 시행령의 요건을 충족하면 되고, 더 나아가 '피상속인이 상속재산인 해당 주식을 10년 이상 계속하여 보유할 것'까지 요구된다고 볼 수 없다.

구 상속세 및 증여세법 시행령(2017. 2. 7. 대통령령 제27835호로 개정되기 전의 것) 제15조 제3항 제1호 (가)목은 '피상속인이 최대주주 등인 경우로서 피상속인과 그의 특수관계인의 주식 등을 합하여 해당 기업의 발행주식총수 등의 100분의 50 이상을 계속하여 보유할 것'을 규정하고 있었는데, 2017. 2. 7. 대통령령 제27835호로 개정되면서 계속 보유의 기간에 대해 '10년 이상'을 명시하게 되었다.

그러나 위 시행령 조항은 피상속인과 그 특수관계인을 합한 주식 등의 보유 요건에 관한 것으로 위 개정 전에도 대법원은 '구 상증세법 제18조 제2항 제1호 소정의 가업에 해당하려면 피상속인이 최대주주 등으로서 10년 이상 계속하여 그 특수관계자의 주식 등을 합하여 일정 비율 이상으로 주식 등의 지분을 보유할 것이 요구된다'고 하였으므로(대법원 2014. 3. 13. 선고 2013두17206 판결 등 참조), 위 시행령의 개정 취지는 구 상증세법 제18조 제2항 제1호의 '가업'에 관한 정의에 맞추어 일정 비율 이상의 주식 등 보유기간이 10년 이상일 것을 명확히 하는 데에 있는 것이지, '피상속인이 상속재산인 해당 주식을 10년 이상 계속하여 보유할 것'까지 요구하려는 취지라고 보기 어렵다. 한편 구 상증세법 시행령 제15조 제5항 제2호는 가업상속 공제의 대상인 '가업상속 재산가액'에 대해 '제3항 제2호의 요건을 모두 갖춘 상속인이 받거나 받을 상속재산의 가액을 말한다'고 하면서 법인의 형태로 기업을 경영한 경우 '가업에 해당하는 법인의 주식 등의 가액'으로 규정하고 있는바, 피고의 주장처럼 피상속인이 10년 이상 계속하여 보유한 주식만 가업상속 공제의 대상으로 하려면 위 조항에서 명확히 규정하였을 것으로 보인다.

구 상증세법 시행령 제15조 제3항 단서에 의하면, '가업상속이 이루어진 후에 가업상속 당시 최대주주 등에 해당하는 자(가업상속을 받은 상속인은 제외한다)의 사망으로 상속이 개시되는 경우'에는 구 상증세법 제18조 제2항 제1호에 따른 가업상속 공제를 적용하지 않는데, 이는 최대주주 등이 여러 명인 경우에 그 중 최초로 가업상속을 위한 주식 등의 상속이 이루어지는 1인의 피상속인에 대하여만 가업상속 공제를 적용하고자 하는 것이다. 그러나 같은 항 제1호 (가)목은 피상속인이 기업을 지배할 수 있을 정도의 주식 등 지분 보유비율에 대해 피상속인과 그 특수관계인의 주식 등을 합하여 산정하도록 정하고 있는 점, 구 상증세법이 가업의 상속에 관하여 상속세의 과세특례를 규정한 취지는 중소기업 등의 영속성을 유지하고 경제 활력을 도모할 수 있도록 일정한 가업의 상속에 대하여 세제지원을 하고자 함에 있는데, 특수관계인의 보유 주식이 피상속인에게 이전된 후 가업상속을 위해 상속되는 경우에도 소유승계를 통해 중소기업 등의 영속성 유지에 기여하므로 피상속인이 10년 이상 계속 보유한 주식의 상속과 달리 취급할 이유가 없는 점 등에 비추어 보면, 중소기업 등의 최대주주 등인 피상속인과 그의 특수관계인이 10년 이상 계속하여 보유한 주식에 대해 가업상속 공제를 적용하더라도 가업상속에 관한 과세특례 규정의 입법 취지가 몰각된다거나 조세회피의 수단으로 악용될 우려가 있다고 보기 어렵다.

구 상증세법이 가업의 승계에 관하여 상속세의 과세특례를 규정한 취지는 중소기업의 영속성을 유지하고 경제 활력을 도모할 수 있도록 일정한 가업의 상속에 대하여 세제지원을 하고자 함에 있는 점, 가업의 승계는 경영승계와 함께 소유승계가 수반될 필요가 있으므로 상속인이 가업에 계속 종사하여야 할 뿐만 아니라 주식 등의 지분도 일정한 정도로 유지되어야 하는 점, 이에 구 상증세법 제18조 제5항 제1호는 주식 등의 지분이 감소된 경우 상속인이 본래 부담하였어야 할 상속세를 부과하도록 명시적으로 규정하고 있는 점, 구 상증세법 시행령 제15조는 제3항 제1호에서 가업상속의 피상속인 요건을, 제3항 제2호에서 가업상속의 상속인 요건을 규정하고 있으며, 제5항에서 가업상속 재산가액에 대하여 규정하고 있는 점 등을 유기적·체계적으로 종합하여 보면, 구 상증세법 제18조 제4항의 위임에 따라 구 상증세법 시행령 제18조 제3항 제1호 가목에서 정해질 내용은 '기업을 지배할 수 있을 정도의 주식 등의 지분 보유비율 등과 같은 사항'이라고 할 것이어서 구 상증세법 제18조 제3항 제1호 가목은 가업에 해당하기 위하여 최대주주 등과 그 특수관계자가 최소한 보유하여야 할 주식 등의 지분 보유비율을 구체적으로 규정한 것일 뿐(대법원 2014. 3. 13. 선고 2013두17206 판결 참조), 그 문언을 넘어서 '가업상속 재산가액'의 범위에 관한 규정으로 해석할 수는 없다.

상속세 및 증여세법 시행령이 2017. 2. 7. 대통령령 제27835호로 개정되면서 제15조 제3항 제1호 가목에 '10년 이상' 부분을 추가하여 명시한 취지는 피상속인이 최대주주로서 주식을 보유하여야 하는 기간을 10년 이상으로 명시적으로 규정함으로써 가업상속공제를 받기 위하여 가업을 10년 이상 경영하여야 하는 가업의 요건과 기간 측면에서 일치함을 명확히 하기 위한 것일 뿐(상속세 및 증여세법 시행령 개정이유 참조), 피고 주장과 같이 상속재산 중 가업상속 재산가액을 한정하기 위하여 위 규정이 명시적으로 규정된 것이라고 볼 수 없다.

구 상증세법 제18조 제5항은 상속개시일부터 10년 이내에 주식 등을 상속받은 상속인의 지분이 감소한 경우에는 상속인에게 본래 부담하였어야 할 상속세를 부과하도록 명시적으로 규정하고 있어 이러한 규정에 의하여 상당 부분 탈법적인 가업상속공제 제도의 이용을 방지할 수 있으므로, 이와 별도로 탈법적인 가업상속 공제 제도의 이용을 방지한다는 명목으로 구 상증세법 시행령 제18조 제3항 제1호 가목의 문언을 넘어서 피고의 주장과 같이 확장해석하거나 유추해석할 수는 없다.

> 조심 2020서8289, 2021. 12. 6.

'**피상속인이 상속재산인 해당 주식을 10년 이상 계속하여 보유할 것**'은 다음과 같은 이유로 「상속세 및 증여세법」 제18조 제2항 제1호에 따른 **가업상속 공제를 적용하기 위한 요건이라고 할 수 없다.**

조세법률주의의 원칙상 과세요건이나 비과세요건 또는 조세감면요건을 막론하고 조세법규의 해석은 특별한 사정이 없는 한 법문대로 해석할 것이고 합리적 이유 없이 확장해석하거나 유추해석하는 것은 허용되지 않는다 할 것인바, 비상장법인의 형태로 기업을 경영한 경우에 있어 가업상속 공제요건 중 피상속인의 주식 보유에 관한 「상속세 및 증여세법 시행령」(2017.2.7. 대통령령 제27835호로 개정된 것, 이하 "상증세법 시행령"이라 한다) 제15조 제3항 제1호 가목은 '피상속인이 중소기업 등의 최대주주 등인 경우로서 그의 특수관계인의 주식 등을 합하여 발행주식총수 등의 100분의 50 이상을 10년 이상 계속 보유할 것'을 정하고 있으므로 위 시행령의 요건을 충족하면 되고, 더 나아가 '피상속인이 상속재산인 해당 주식을 10년 이상 계속하여 보유할 것'까지 요구된다고 볼 수 없다.

구 「상속세 및 증여세법 시행령」(2017.2.7. 대통령령 제27835호로 개정되기 전의 것) 제15조 제3항 제1호 가목은 '피상속인이 최대주주 등인 경우로서 피상속인과 그 특수관계인의 주식 등을 합하여 해당 기업의 발행주식총수 등의 100분의 50 이상을 계속하여 보유할 것'을 규정하고 있었는데, 2017.2.7. 대통령령 제27835호로 개정되면서 계속 보유의 기간에 대해 '10년 이상'을 명시하게 되었다. 그러나 위 시행령 조항은 피상속인과 그 특수관계인을 합한 주식 등의 보유요건에 관한 것으로 위 개정 전에도 대법원은 「상속세 및 증여세법」 제18조 제2항 제1호 소정의 가업에 해당하려면 피상속인이 최대주주 등으로서 10년 이상 계속하여 그 특수관계자의 주식 등을 합하여 일정 비율 이상으로 주식 등의 지분을 보유할 것이 요구된다'고 하였으므로(대법원 2014.3.13. 선고 2013두17206 판결 등 참조), 위 시행령의 개정 취지는 「상속세 및 증여세법」 제18조 제2항 제1호의 '가업'에 관한 정의에 맞추어 일정 비율 이상의 주식 등 보유기간이 10년 이상일 것을 명확히 하는 데에 있는 것이지, '피상속인이 상속재산인 해당 주식을 10년 이상 계속하여 보유할 것'까지 요구하려는 취지라고 보기 어렵다. 한편, 상증세법 시행령 제15조 제5항 제2호는 가업상속 공제의 대상인 '가업상속 재산가액'에 대해 '제3항 제2호의 요건을 모두 갖춘 상속인이 받거나 받을 상속재산의 가액을 말한다'고 하면서 법인의 형태로 기업을 경영한 경우 '가업에 해당하는 법인의 주식 등의 가액'으로 규정하고 있는바, 처분청의 의견처럼 피상속인이 10년 이상 계속하여 보유한 주식만 가업상속 공제의 대상으로 하려면 위 조항에서 보다 명확히 규정하였어야 할 것으로 보인다.

따라서 피상속인이 쟁점법인의 최대주주인 경우로서 그의 특수관계인의 주식을 합하여 발행주식총수의 100분의 50 이상을 10년 이상 계속 보유한 이상 피상속인의 상속인 중 가업상속인 BBB이 상속받은 쟁점법인 주식 OOO주에 대해 가업상속공제를 적용하는 것이 법문의 문리해석상 합리적이라고 판단된다.

② 대표이사등 재직 요건

가업상속공제를 적용받기 위해서는 피상속인이 가업 영위 기간 중 다음의 어느 하나에 해당하는 기간을 대표이사(개인사업자인 경우 대표자)로 재직해야 한다.

① 100분의 50 이상의 기간
② 10년 이상의 기간(상속인이 피상속인의 대표이사등의 직을 승계하여 승계한 날부터 상속개시일까지 계속 재직한 경우로 한정)
③ 상속개시일로부터 소급하여 10년 중 5년의 이상의 기간

'대표이사로 재직하는 기간'은 피상속인이 대표이사로 선임되어 법인등기부등본에 등재되고 실제 대표이사직을 수행하는 경우에만 인정된다. 대표이사로 재직하는 기간을 계산할 때는 피상속인이 상속인과 공동대표이사 또는 각자대표이사로 재직하거나 전문경영인 등과 공동대표이사로 재직한 기간도 합산한다. 또한, 재직기간을 계산할 때 2022년 2월 15일 이후부터 상속이 개시되는 경우 한국표준산업분류상 동일한 대분류 내의 다른 업종으로 주된 사업을 변경하여 영위한 기간도 재직기간으로 합산한다.

'가업 영위 기긴 중 50% 이상의 기간'에서 '가업 영위 기간'이란 피상속인이 최대주주등으로 지분을 40%(상장법인의 경우 20%) 이상 보유하게 된 시점부터 상속개시일까지의 기간을 말한다. 즉, 법인설립일부터 상속개시일까지 기간과는 의미가 같지 않다는 것에 유의해야 한다.

대표이사등으로 10년 이상 재직한 기간 요건은 가업승계 증여세 과세특례를 적용받아 피상속인이 보유하던 모든 주식등을 상속인에게 일시에 증여한 후 상속이 개시되는 경우 대표이사 재직 요건을 충족하지 못해 가업상속공제

를 적용받지 못했던 문제를 해결하기 위해 추가된 조항이다. 이 조항이 추가됨으로써 피상속인이 10년 이상의 기간 동안 대표이사등으로 재직한 후 상속인이 대표이사등의 직을 승계하여 승계한 날부터 상속개시일까지 계속 재직하고 있는 경우 피상속인이 요건을 충족한 것으로 보아 피상속인이 상속개시일 현재 가업에 종사하지 않더라도 가업상속공제를 적용받을 수 있게 되었다.

❏ 피상속인의 대표이사 재직요건과 가업요건 연관성

대표이사 재직요건	가업 요건 ("피상속인이 10년 이상 경영한 기업"의 의미)
① 가업 영위기간 중 50% 이상의 기간 재직	피상속인이 10년 이상 계속하여 경영한 기업이어야 가업상속공제가능
② 상속개시일로부터 소급하여 10년 중 5년 이상의 기간 재직	➡ 피상속인이 상속개시일 현재 대표이사(개인은 대표자)가 아닌 경우에도 가업을 사망일까지 영위하여야 함
③ 가업 영위기간 중 10년 이상의 기간 재직 (상속인이 대표이사등의 직을 승계하여 상속개시일까지 재직한 경우로 한정)	상속인이 피상속인의 대표이사 등의 직을 승계하여 승계한 날부터 상속개시일까지 계속 재직한 경우에는 피상속인이 10년 이상 계속하여 경영('상속개시일로부터 소급하여 10년 이상 계속 경영'의 의미는 아님)한 기업이면 가업상속공제 허용 ➡ 고령화사회의 질병 등으로 피상속인이 상속개시일 현재 가업에 종사하지 않은 경우에도 예외를 인정한 것임

- 출처 : 2022년 가업승계 지원제도 안내, 국세청

상속인 요건

상속인은 다음의 요건을 모두 갖추어야 한다. 상속인의 배우자가 다음의 모든 요건을 갖춘 경우에는 상속인이 그 요건을 갖춘 것으로 본다.

① 상속개시일 현재 18세 이상일 것
② 상속개시일 전에 2년 이상 직접 가업에 종사
③ 상속세과세표준 신고기한까지 임원으로 취임하고, 상속세 신고기한부터 2년 이내에 대표이사등으로 취임할 것

가업상속공제를 적용받기 위해서는 상속인이 상속개시일 전에 2년 이상 직접 가업에 종사하여야 한다. 다만 예외적으로 피상속인이 65세 이전에 사망하거나 천재지변, 인재 등 부득이한 사유로 피상속인이 사망했을 때는 2년 이상 가업에 직접 종사하지 않아도 가업상속공제가 가능하다. 또, 상속인이 상속개시일 2년 전부터 가업에 종사해 왔지만, 상속개시일로부터 소급하여 2년에 해당하는 날부터 상속개시일까지의 기간 중에 병역의무 이행, 질병 요양, 취학상 형편 등의 사유로 가업에 직접 종사하지 못한 기간이 있는 경우에는 그 기간은 가업에 종사한 기간으로 본다.

가업상속공제를 적용받기 위해 상속인은 가업상속공제 신고기한까지 임원으로 취임하고, 상속세 신고기한부터 2년 이내에 대표이사등으로 취임해야 한다. 공동 상속을 받은 경우에도 상속인들은 예외 없이 이 요건을 충족해야 한다. 따라서 상속인들 모두가 가업상속공제 신고기한까지 임원으로 취임해야 하고, 상속세 신고기한부터 2년 이내에 공동대표 또는 각자대표로 취임하여야 한다.

가업상속이 이루어진 후에 가업상속을 받은 상속인을 제외하고 가업상속

당시 최대주주등에 해당하는 자의 사망으로 상속이 개시되는 경우는 가업상속공제를 적용하지 않는다. 이는 최대주주등 중에서 1인이 사망하여 가업상속공제를 받았다면 이후에는 가업상속을 받은 상속인을 제외한 다른 최대주주등이 사망했을 때는 가업상속공제를 적용하지 않는다는 의미이다. 다만, 가업상속을 받은 상속인이 사망하면 다시 가업상속공제가 가능한데 공동상속을 받아 상속인이 2인 이상인 때에는 상속인들이 순차적으로 사망 시 최대주주등 중 먼저 가업상속공제를 신청한 1인의 상속인만 가업상속공제를 받을 수 있는지, 아니면 가업상속을 받은 공동상속인의 상속인들 중에서 가업상속공제 요건을 갖춘 상속인들 모두가 다시 가업상속공제를 받을 수 있는지에 대해서는 정리가 필요하다.

가업상속공제 사후 요건

가업상속공제를 적용받은 상속인은 상속개시일부터 5년 이내의 기간 동안 가업용 자산 유지요건, 가업 종사요건, 지분 유지요건, 고용 유지요건 등 사후 의무 요건을 이행해야 한다. 만약 정당한 사유 없이 사후 의무 요건을 이행하지 않으면 가업상속공제를 적용받아 공제된 세액의 전부 또는 일부를 상속개시 당시 상속세 과세가액에 산입하여 상속세를 재계산하고 납부해야 한다.

사후관리 위반 사유가 발생하게 되면 사유발생일이 속하는 달의 말일부터 6개월 이내에 위반 사실에 대해 납세지 관할 세무서장에게 신고하고 해당 상속세에 이자상당액을 가산한 금액을 납부하여야 한다. 이때 가산하는 이자상당액은 다음과 같이 계산한다.

$$\text{이자 상당액} = \text{재계산한 상속세 금액} \times \text{상속세 과세표준 신고기한 다음날부터 사유발생일까지 기간} \times \frac{\text{상속세 부과당시 이자율}}{365일}$$

가업용 자산 유지요건

가업상속공제를 적용받은 상속인은 상속개시일로부터 5년 이내에 가업용 자산의 100분 40 이상을 처분하지 않아야 한다. 상속인이 정당한 사유 없이 가업용 자산 유지 사후 요건을 충족하지 못한 경우에는 공제받은 세액 중 처분 비율을 고려하여 가업상속공제액에 자산 처분 비율을 곱한 금액을 상속개시 당시의 상속세 과세가액에 산입하여 재계산한 상속세와 기간에 따른 이자 상당액을 납부해야 한다.

가업용 자산

'가업용 자산'은 「소득세법」을 적용받는 개인가업과 「법인세법」을 적용받는 법인가업의 유형에 따라 다음과 같이 규정하고 있다.

가업 유형	가업용 자산
「소득세법」 적용받는 개인가업	상속재산 중 가업에 직접 사용되는 토지, 건축물, 기계장치 등 사업용 고정자산
「법인세법」 적용받는 법인가업	상속재산 중 가업에 해당하는 법인 사업에 직접 사용되는 사업용 고정자산(사업무관자산은 제외)

가업용 자산 처분 비율 계산

가업용 자산의 처분 비율은 '상속개시일 현재 가업용 자산의 가액'에서 '가업용 자산 중 처분한 자산의 상속개시일 현재의 가액'이 차지하는 비율로 계산한다. 이때 자산 처분에는 사업에 직접 사용하지 않고 임대하는 경우를 포함한다. 자산 처분 비율을 계산할 때 여러 차례에 걸쳐 자산을 처분하여 재차 상속세를 부과하는 때에는 종전에 처분한 자산의 가액은 제외하고 상속세를 산정한다.

$$\text{가업용 자산 처분비율} = \frac{\text{처분(임대)한 가업용 자산의 상속개시일 현재의 가액}}{\text{상속개시일 현재 전체 가업용자산의 가액}}$$

$$\text{상속세 부과액} = \text{가업상속공제액} \times \text{자산 처분 비율}$$

가업용 자산 처분의 정당한 사유

가업상속공제를 적용받은 상속인은 상속개시일로부터 5년 이상의 기간 동안 상속받은 가업용 자산을 40% 이상 처분하게 되면 상속세를 추징당하게 된다. 하지만 가업용 자산을 처분한 사유가 정당한 사유에 해당하는 때에는 상속개시일로부터 5년 이내에 가업용 자산을 40% 이상 처분하는 때에도 상속세를 추징하지 않는다.

가업용 자산 처분에 대한 정당한 사유는 다음과 같다.

첫째, 가업용 자산이 「공익사업을 위한 토지 등의 취득 및 보상에 관한 법률」 등에 따라 수용 또는 협의 매수되거나 국가 또는 지방자치단체에 양도, 시설 교체, 사업장 이전 등으로 처분된 후에 처분자산과 같은 종류의 자산을 대체 취득하여 가업에 계속 사용하는 때에는 가업용 자산 처분에 대한 정당한 사유로 본다.

여기에서 '대체 취득'이란 같은 종류의 자산으로 대체 취득할 때 처분된 자산의 양도가액과 같거나 처분된 자산의 양도가액을 초과하는 같은 종류의 자산을 취득하여 가업에 계속 사용하는 경우를 말하기 때문에 주의를 요한다.

둘째, 가업용 자산을 국가 또는 지방자치단체에 증여하는 때에는 가업용 자산 처분에 대한 정당한 사유로 본다. 가업용 자산뿐 아니라 가업에 해당하지 않는 상속재산도 국가 또는 지방자치단체에 증여하는 때에는 상속세과세가액에 산입하지 않는다.

셋째, 가업상속 받은 상속인이 사망하는 경우 가업용 자산 처분에 대한 정당한 사유로 본다. 이 경우 상속세는 추징하지 않지만 자산 양도소득에 대한 양도세는 납부를 하여야 한다. 사망한 상속인이 2014년 1월 1일 이후 가업상속을 받았다면 양도소득세 이월과세가 적용되어 처분한 자산의 취득가는 사망한 상속인의 피상속인이 해당 자산을 취득할 당시의 취득금액을 적용한다.

넷째, 합병·분할, 통합, 개인사업의 법인전환 등 조직변경으로 인하여 자산의 소유권이 이전될 때, 조직변경 이전의 업종과 같은 업종을 영위하면서 소유권이 이전된 가업용 자산을 조직변경 후의 같은 업종 사업에 계속 사용하는 때에는 가업용 자산 처분에 대한 정당한 사유로 보아 상속세를 추징하지 않는다.

다섯째, 내용 연수가 지난 가업용 자산을 처분하는 때에는 정당한 사유로 보아 상속세를 추징하지 않는다. 내용 연수란 유형 고정자산의 효용이 지속되는 기간이므로 내용 연수가 지난 자산은 그 사업에서 더 이상 효용이 없다고 보기 때문이다.

여섯째, 가업의 주된 업종 변경과 관련하여 자산을 처분하는 경우로서 변경된 업종을 영위하기 위하여 자산을 대체 취득하여 가업에 계속 사용하는 때에는 가업용 자산 처분에 대한 정당한 사유로 본다. 다만, 이 경우에도 '대체 취득'이란 첫 번째 사유에서와 같이 처분된 자산의 양도가액과 같거나 처분된 자산의 양도가액을 초과하는 자산을 취득하여 변경된 주된 업종에 계속 사용하는 경우를 말한다.

일곱째, 가업용 자산 처분금액을 「조세특례제한법」 제10조에 따른 연구·인력개발비로 사용하는 경우 가업용 자산 처분에 대한 정당한 사유로 보아 상속세를 추징하지 않는다.

가업 종사요건

가업상속공제를 적용받은 상속인은 상속개시일로부터 5년 이상 가업에 종사하여야 한다. 가업상속공제를 적용받기 위한 상속인 요건에서 상속인은 상속세과세표준 신고기한까지 임원으로 취임하고 상속개시일로부터 2년 이내에 대표이사등에 취임해야 한다고 했다. 가업 종사요건은 상속인 요건에 더하여 대표이사등에 취임한 상속인은 상속개시일로부터 5년 이상 대표이사등의 직을 유지해야 한다는 요건이다. 이때 가업상속공제를 적용받은 상속재산이 「법인세법」에 따른 주식등인 경우 그 상속인의 배우자가 상속인 요건을 모두 갖추고 대표이사등에 취임한 때에는 그 상속인이 요건을 갖춘 것으로 본다.

가업상속공제를 적용받은 상속인이 상속개시일로부터 5년 이내에 정당한 사유 없이 가업 종사 사후 요건을 충족하지 못한 경우에는 공제받은 금액을 상속개시 당시의 상속세 과세가액에 산입하여 재계산한 상속세와 기간에 따른 이자상당액을 납부해야 한다.

가업에 종사하지 않는 것으로 보는 경우

상속인(상속인의 배우자가 상속인 요건을 갖춘 때에는 상속인의 배우자 포함)이 상속개시일로부터 5년 이상 대표이사등으로 종사하지 않는 때에는 가업에 종사하지 않게 된 것으로 보아 상속세를 추징한다. 여기에서 '대표이사등'이란 법인기업은 대표이사를 말하고 개인기업은 대표자를 말한다. '대표이사등'으로 종사하는 것으로 인정되기 위해서는 법인기업의 경우 법인등기부등본에 등재되고 실제 대표이사 직무를 수행해야 하고, 개인기업의 경우 사업자등록증 상 대표자로 등재되고 실제 경영을 수행해야 한다.

또한, 가업상속공제를 적용받고 상속개시일로부터 5년 이내에 가업의 주된 업종을 변경하는 경우 가업에 종사하지 않게 된 것으로 보아 상속세를 추징한다. 다만, 한국표준산업분류에 따른 대분류 내에서 업종을 변경하는 경우와 평가심의위원회의 심의를 거쳐 업종 변경을 승인하는 경우에는 주된 업종의 변경으로 보지 않는다. 하지만 한국표준산업분류에 따른 대분류 내에서 업종을 변경하는 때에도 「상속세 및 증여세법 시행령」 별표'에 따른 가업상속공제 적용 대상 업종으로 변경하는 경우에만 업종의 변경으로 보지 않음에 유의해야 한다.

마지막으로 해당 가업을 1년 이상 휴업하거나, 실적이 없거나, 폐업하는 경우 가업에 종사하지 않게 된 것으로 보아 상속세를 추징한다.

가업에 종사한 것으로 보는 정당한 사유

가업상속공제를 적용받은 상속인이 상속개시일로부터 5년 이상 가업에 종사하지 않은 경우에도 정당한 사유로 보아 가업에 종사한 것으로 보는 경우는 첫째, 가업상속 받은 상속인이 사망한 때 둘째, 가업상속 받은 재산을 국가 또는 지방자치단체에 증여하는 경우 셋째, 상속인이 법률에 따른 병역의무 이행, 질병 요양, 취학상 형편 등으로 가업에 직접 종사할 수 없는 사유가 있는 경우이다. 다만, 세 번째 사유에 해당하는 때는 그 부득이한 사유가 종료된 후 가업에 종사하지 않거나 가업상속 받은 재산을 처분하면 정당한 사유로 보지 않는다.

지분 유지요건

가업상속공제를 적용받아 주식등을 상속받은 상속인은 상속개시일로부터 5년 이상 상속받은 주식등의 지분을 유지하여야 한다. 다만, 상속인이 상속받은 주식등을 물납하여 지분이 감소한 때에는 물납한 이후에도 상속인이 최대주주 또는 최대출자자에 해당하면 지분이 감소한 경우로 보지 않는다.

가업상속공제를 적용받은 상속인이 상속개시일로부터 5년 이내에 정당한 사유 없이 지분 유지 사후 요건을 충족하지 못한 경우에는 공제받은 금액을 상속개시 당시의 상속세 과세가액에 산입하여 재계산한 상속세와 기간에 따른 이자상당액을 납부해야 한다.

지분이 감소한 경우

다음 중 어느 하나에 해당하는 때에는 지분이 감소한 것으로 본다.

> ❏ 지분이 감소한 것으로 보는 경우
> ① 상속인이 상속받은 주식등을 처분하는 경우
> ② 해당 법인이 유상증자할 때 상속인의 실권 등으로 지분율이 감소한 경우
> ③ 상속인의 특수관계인이 주식등을 처분하거나 유상증자할 때 실권 등으로 상속인이 최대주주등에 해당되지 않게 된 경우
> ④ 해당 법인의 감자로 인하여 상속인의 보유주식 수가 감소한 경우

지분이 감소한 정당한 사유

가업상속공제를 적용받아 주식등을 상속받은 상속인은 상속개시일로부터 5년 이상 상속받은 주식등의 지분을 유지해야 한다. 하지만 상속받은 기업이 조직변경, 사업확장 등의 사유로 상속받은 지분이 감소하는 경우 등 몇 가지 사유는 지분이 감소하였더라도 최대주주등에 해당하는 때에는 예외적으로 지분이 감소한 정당한 사유로 보아 상속세를 추징하지 않는다. 지분 감소의 정당한 사유로 보는 경우를 구체적으로 살펴보면 다음과 같다.

첫째, 합병·분할 등 조직변경에 따라 주식등을 처분하였으나 처분 후에도 상속인이 합병법인 또는 분할신설법인 등 조직변경에 따른 법인의 최대주주등에 해당할 때는 지분이 감소한 정당한 사유로 본다.

둘째, 해당 법인의 사업확장 등에 따라 유상증자할 때 상속인의 특수관계인이 아닌 제3자를 투자자로 유치하여 주식등을 배정함에 따라 상속인의 지분율이 낮아졌으나 제3자 배정 유상증자 후에도 상속인이 최대주주등에 해당하는 때에는 지분이 감소한 정당한 사유로 본다.

셋째, 가업상속공제를 적용받은 상속인이 사망한 경우 사망한 상속인의 상속인이 원래 상속인의 지위를 승계하여 가업에 종사할 때는 지분이 감소한 정당한 사유로 본다.

넷째, 주식등을 국가 또는 지방자치단체에 증여하는 경우 지분이 감소한 정당한 사유로 본다.

다섯째, 「자본시장과 금융투자업에 관한 법률」제390조 제1항에 따른 상장 규정의 상장요건을 갖추기 위하여 지분을 감소시켰으나 지분 감소 후에도 상속인이 최대주주등에 해당하는 경우에는 지분이 감소한 정당한 사유로 본다.

여섯째, 주주 또는 출자자의 주식 및 출자지분의 비율에 따라서 무상으로 균등하게 감자하는 경우는 지분이 감소한 정당한 사유로 본다.

일곱째, 「채무자 회생 및 파산에 관한 법률」에 따른 법원의 결정에 따라 무상으로 감자하거나 채무를 출자전환 하는 경우에는 지분이 감소하더라도 지분이 감소한 정당한 사유로 본다.

고용 유지요건

가업상속공제를 적용받은 상속인은 상속개시일로부터 5년 이상 고용인원(정규직 근로자 수) 또는 총급여액의 전체 평균이 상속개시일이 속하는 소득세 과세기간 또는 법인세 사업연도의 직전 2개 소득세 과세기간 또는 법인세 사업연도의 정규직 근로자 수의 평균 또는 총급여액 평균의 90% 이상을 유지해야 한다. 상속인은 정규직 근로자 수 요건과 총급여액 요건 중 하나를 고용 유지 사후 요건으로 선택할 수 있다.

가업상속공제를 적용받은 상속인이 상속개시일로부터 5년 이내에 정당한 사유 없이 고용 유지 사후 요건을 모두 충족하지 못할 경우는 공제받은 금액을 상속개시 당시의 상속세과세가액에 산입하여 재계산한 상속세와 기간에 따른 이자상당액을 납부해야 한다.

고용 유지요건에서 규정하는 '정규직 근로자'란 「근로기준법」에 따라 계약을 체결한 근로자 중에서 근로계약 기간이 1년 미만인 자, 1개월간의 소정근로시간이 60시간 미만인 자, 근로소득 원천징수 사실이 확인되지 않으면서 국민연금 부담금 또는 국민건강보험 직장 가입 보험료 납부 사실도 확인되지 않는 자를 제외한 근로자를 말한다.

고용 유지요건에서 규정하는 '총급여액'이란 고용 유지요건에서 규정하는

'정규직 근로자'에게 지급한 봉급·급료·보수·세비·임금·상여·수당과 이와 유사한 성질의 급여 및 법인의 주주총회·사원총회 또는 이에 준하는 의결기관의 결의에 따라 상여로 받는 소득의 합계액을 말한다. 총급여액을 계산할 때 해당 기업의 최대주주 또는 최대출자자(개인사업자인 경우에는 대표자) 및 그와 「국세기본법 시행령」 제1조의2 제1항에 따른 친족관계인 근로자는 제외한다. 다만, 기준고용인원 산정 기간에 친족관계에 해당되는 사람만 있을 경우에는 총급여액 산정에 포함한다.

고용 유지요건을 적용할 때 가업에 해당하는 법인이 분할하거나 다른 법인을 합병하는 경우 정규직 근로자 수와 총급여액은 다음과 같이 계산한다.

① 분할에 따라 가업에 해당하는 법인의 정규직 근로자의 일부가 다른 법인으로 승계되어 근무하는 경우 그 정규직 근로자는 분할 후에도 가업에 해당하는 법인의 정규직 근로자로 본다.

② 합병에 따라 다른 법인의 정규직 근로자가 가업에 해당하는 법인에 승계되어 근무하는 경우 그 정규직 근로자는 상속이 개시되기 전부터 가업에 해당하는 법인의 정규직 근로자였던 것으로 본다.

가업상속재산에 대한 양도소득세 이월과세

'양도소득세'는 재산을 양도할 때 양도한 금액에서 취득한 금액을 차감한 양도소득에 부과되는 세금이다. '이월과세'는 과세를 다음으로 넘긴다는 의미이다. 양도소득세 이월과세는 재산을 무상 또는 낮은 세율로 이전받은 후 법률에서 정한 기간 내에 처분하면 양도 금액에서 차감하는 재산 취득 금액을 증여자가 취득한 금액으로 적용하여 양도소득을 산출하고 세금을 부과하는 것이다. 배우자 또는 직계존비속에게 증여를 하게 되면 배우자는 6억원, 직계존비속은 5천만원(미성년자 2천만원)을 증여공제한다. 만약 배우자에게 6억원에 상당하는 재산을 증여하게 되면 전액을 증여공제 받아 증여세를 납부하지 않는다. 그런데 이렇게 증여받은 재산을 바로 처분하게 되면 처분 금액과 증여자가 취득한 금액과의 차액에 상당하는 큰 양도소득을 세금 부담 없이 얻게 되는 결과가 된다. 양도소득세 이월과세 제도는 이렇게 '증여'라는 무상계약 형태를 활용한 조세회피 의도를 방지하고자 도입하였다.

그런데 의도하지는 않았지만 가업상속공제를 적용받은 상속인이 재산을 양도할 때는 결과적으로 조세회피와 같은 상황이 발생하였다. 상속인이 가업상속공제를 적용받은 재산을 추후 양도하는 경우 피상속인이 보유하던 기간 중 발생한 재산 가치 상승분에 대해서는 양도소득세가 과세 되지 않던 것이다. 이런 문제를 해결할 방안으로 이월과세를 적용하여 양도소득세를 계산하고 있다.

'피상속인이 보유하던 기간 중 발생한 재산 가치 상승분에 대해서는 양도소득세가 과세 되지 않는 문제'는 다음과 같은 상황을 의미한다. 양도소득세는 양도가액에서 취득가액을 차감하였을 때 소득이 발생했으면 그 소득에 부과한다. 그러나 피상속인이 재산을 취득해 보유하던 중 상속이 개시되면 피상속인이 취득해 보유하던 가업상속재산은 상속개시일 현재의 시가로 평가하여 최대 600억원 한도까지 가업상속공제가 적용된다. 따라서 상속개시일 현재 평가한 시가와 피상속인이 재산을 취득할 당시 취득가와의 차액 즉, 재산가치 상승분에는 상속세가 과세되지 않는다. 이후 상속인이 가업상속공제를 적용받은 재산을 양도할 때 양도가액에서 간주취득가액인 상속개시일 현재의 가액을 차감한 소득에 대해서만 과세하게 되면 피상속인이 얻은 재산가치 상승분에도 양도소득세가 부과되어야 하지만 가업상속공제를 받았기 때문에 결과적으로 피상속인이 얻은 재산 가치 상승분에는 양도소득세가 과세 되지 않게 된다는 것이다.

이렇게 과세 형평성이 훼손되는 상황을 방지하기 위하여 피상속인이 자산을 취득한 금액과 상속개시일 현재의 평가액과의 차액에 대해서는 상속인이 가업상속공제를 적용받은 자산을 양도할 때 양도차익에 추가하여 양도소득세를 이월과세한다. 즉, 가업상속공제가 적용된 자산에 대한 양도소득세 이월과세가 적용되는 경우 그 자산의 취득시기는 피상속인의 취득시기를 적용한다.

가업상속공제가 적용된 자산에 대한 양도소득세 이월과세는 사후관리기간뿐 아니라 상속개시일로부터 양도일까지 기간에 관계없이 적용하며, 가업상속공제를 적용받은 자산을 양도하는 경우 양도차익을 계산할 때 양도자산의 취득가액은 다음과 같이 계산한다.

❏ 가업상속공제가 적용된 양도자산 취득가액 = ① + ②
① 피상속인의 취득가액 x 가업상속공제적용률
② 상속개시일 현재 해당 자산 가액 x (1 - 가업상속공제적용률)
　　# 가업상송공제적용률 = 가업상속공제금액 ÷ 가업상속재산가액

❏ 양도소득세 이월과세 적용 시 양도차익 계산 예시

피상속인 취득가액	상속개시일 현재 시가	상속인 양도가액
(10억원)	(100억원)	(120억원)
← 피상속인분 양도차익 →	← 상속인분 양도차익 →	
① 90억원(100억원-10억원)	② 20억원(120억원-100억원)	

- 이월과세 적용 시 양도차익 = 110억원(① + ②)

2 가업상속에 대한 상속세 납부유예

중소기업의 원활한 가업승계를 지원하기 위한 목적으로 2023년 1월 1일 이후 상속이 개시되는 분부터 가업승계 시 상속세를 납부유예 받을 수 있는 제도가 신설되었다. 이 제도는 상속인이 가업상속재산에 대한 상속이 개시되는 시점에서는 상속세 납부를 유예받아 상속세를 납부하지 않고 가업승계 후 가업을 영위하다가 가업상속재산을 양도·상속·증여하는 시점에 납부를 유예받은 상속세를 납부하도록 한 제도다. 이 제도를 활용하면 중소기업 가업상속인은 가업을 승계하는 시점에서 상속세를 납부하지 않게 됨으로써 납부했어야 할 상속세 상당액만큼 세부담이 경감되는 효과가 발생하게 된다.

다만, 가업상속공제는 요건을 충족하는 중소기업과 중견기업이 모두 적용받을 수 있지만 가업상속에 대한 상속세 납부유예는 상속개시일 현재 가업상속공제 요건을 충족하는 중소기업만이 적용받을 수 있다.

상속세 납부유예 대상

가업상속에 대한 상속세 납부유예를 적용하는 대상은 상속세 납부세액 중에서 가업상속재산가액 비율에 상당하는 납부할 세액이다. '가업상속재산가액'이란 상속인이 가업상속으로 받거나 받을 상속재산가액을 말한다. 「소득세법」을 적용받는 가업(개인기업)과 「법인세법」을 적용받는 가업(법인기업)으로 구분해 산정하며 가업상속재산가액 산정방법은 가업상속 공제에서 산정하는 방법을 준용한다.

상속세 납부유예 가능 세액

거주자의 사망으로 상속이 개시되는 경우 중소기업의 가업상속에 해당하는 때에는 상속세 납부세액에 총 상속재산가액에서 가업상속재산가액이 차지하는 비율을 곱해 계산된 세액에 대해 납부유예를 신청할 수 있다.

$$\text{납부유예 가능세액} = \text{상속세 납부세액} \times \frac{\text{가업상속재산가액}}{\text{총 상속재산가액}}$$

가업상속에 대한 상속세 납부유예는 상속인이 가업상속공제를 적용받지 않는 조건으로 선택하는 제도이다. 따라서 상속세 납부세액을 산출할 때 가업상속공제는 적용하지 않는다. 가업 영위기간에 따라 최고 600억원까지 가업상속재산가액으로 산입하여 가업상속에 대한 상속세 납부유예 가능세액을 계산한다.

단, 상속인이 가업상속에 대한 상속세 납부유예 허가를 받으려면 납부유예 신청 세액에 상당하는 담보를 제공하여야 한다.

❏ 가업상속 상속세 납부유예 가능 가업상속재산가액
① 가업 영위기간 10년 이상 ~ 20년 미만 : 300억원
② 가업 영위기간 20년 이상 ~ 30년 미만 : 400억원
③ 가업 영위기간 30년 이상 : 600억원

상속인이 가업상속에 대한 상속세 납부유예를 허가 받은 후 담보 변경 또는 그 밖의 담보 보전에 필요한 관할세무서장 명령에 따르지 않는 경우 납세지 관할세무서장은 상속세 납부유예 허가를 취소하거나 변경하고, 납부유예된 세액 전부 또는 일부와 상속세과세표준 신고기한 다음날부터 허가 취소 또는 변경사유 발생일까지 기간에 따라 계산한 이자상당액을 징수할 수 있다.

$$\text{이자상당액} = \text{징수할 납부유예 상속세액} \times \text{상속세 과세표준 신고기한 다음날부터 사유발생일까지 기간} \times \frac{\text{상속세 부과 당시 국세환급가산금 이자율}}{365\text{일}}$$

또한, 「국세징수법」제9조 제1항 각 호의 어느 하나에 해당되어 납부유예된 세액 전액을 징수할 수 없다고 인정되는 경우에도 납세지 관할세무서장은 상속세 납부유예 허가를 취소하거나 변경하고, 납부유예된 세액 전부 또는 일부와 상속세과세표준 신고기한 다음날부터 허가 취소 또는 변경사유 발생일까지 기간에 따라 계산한 이자상당액을 징수할 수 있다.

> ❏ 「국세징수법」제9조(납부기한 전 징수) 제1항
> 1. 국세, 지방세 또는 공과금 체납으로 강제징수 또는 체납처분이 시작된 경우
> 2. 강제집행 및 담보권 실행 등을 위한 경매가 시작되거나 파산선고 받은 경우
> 3. 어음 또는 수표가 어음교환소에서 거래정지처분을 받은 경우
> 4. 법인이 해산한 경우
> 5. 국세를 포탈하려는 행위가 있다고 인정되는 경우
> 6. 납세관리인을 정하지 아니하고 국내에 주소 또는 거소를 두지 아니하게 된 경우

상속세 납부유예 요건

가업상속에 대한 상속세 납세유예를 받기 위해서는 신청 조건인 사전 요건을 충족해야 한다. 가업상속에 대한 납부유예를 받은 후에는 일정기간 동안 또는 다른 상속인(수증자)에게 상속·증여할 때까지 사후관리 요건을 유지해야 한다. 이는 가업상속에 대한 상속세 납부유예가 중소기업이 원활한 가업승계를 통해 경영노하우를 유지하고 활용할 수 있도록 지원하기 위하여 가업상속공제를 적용받는 대신에 선택하는 제도이므로 그 대상은 가업상속공제를 적용받을 수 있는 중소기업 가업 요건과 동일해야 하며, 상속세 납부유예 혜택을 받은 중소기업이 지속적인 부가가치 창출로 경제성장에 기여하는 동시에 안정된 일자리를 유지·확대시키는 효과를 도모하도록 해야 하기 때문이다.

납부유예 사전 요건

가업상속에 대한 상속세 납부유예를 적용받기 위해서는 상속개시일 현재 중소기업으로서 피상속인이 10년 이상 계속하여 경영한 가업의 상속에 해당하여야 한다. 또한 가업상속공제를 받지 않은 가업상속재산에 한해 가업상속에 대한 상속세 납부유예를 적용한다. 만약 상속인이 가업상속공제 대신에 영농상속공제를 받은 경우에는 가업상속공제를 받은 것으로 보아 상속세 납부유예를 적용받을 수 없다.

가업상속에 대한 상속세 납부유예는 가업상속공제를 적용받는 대신에 선택할 수 있는 제도이므로 중소기업으로서 피상속인이 10년 이상 계속하여 경영한 가업 상속 요건과 가업상속공제를 적용받지 않아야 하는 요건과 더불어 피상속인 요건과 상속인 요건까지 모두 충족시켜야 적용받을 수 있다.

납부유예 사후 요건

가업상속에 대한 상속세 납부유예를 적용받은 후에 지켜야 하는 사후의무 요건은 가업상속공제 제도와 크게 차이가 나지 않는다.

가업상속에 대한 상속세 납부유예를 적용받은 상속인은 상속개시일부터 5년 이내의 기간 또는 다른 상속인(수증자)에게 상속·증여할 때까지 정당한 사유 없이 사후 의무요건을 이행하지 않으면 상속세 납부유예를 적용받은 세액의 전부 또는 일부를 납부해야 한다. 사후관리 위반 사유가 발생하게 되면 사유발생일이 속하는 달의 말일부터 6개월 이내에 위반 사실에 대해 납세지 관할 세무서장에게 신고하고 해당 상속세와 상속세과세표준 신고일의 다음 날부터 사유발생일까지 기간에 따른 이자상당액을 납부해야 한다.

가업상속에 대한 상속세 납부유예를 적용받은 상속인이 지켜야 할 사후관리 요건에는 가업용 자산 유지요건, 가업 종사요건, 지분 유지요건, 고용 유지요건이 있다.

가업용 자산 유지요건

가업상속에 대한 상속세 납부유예를 적용받은 상속인은 가업용 자산의 100분 40이상을 처분하지 않아야 한다. 상속인이 정당한 사유 없이 가업용 자산 유지 사후 요건을 충족하지 못했을 경우에는 납부유예된 세액 중 자산 처분비율을 고려하여 계산한 세액을 납부하여야 하며, 상속세 과세표준 신고기한 다음날부터 사유발생일까지 기간에 따른 이자상당액을 함께 납부해야 한다.

이때 가업용 자산의 종류, 가업용 자산의 처분비율 계산, 정당한 가업용 자산 처분 범위 등의 정당한 사유 등은 가업상속공제 제도와 동일하게 적용한다. 다만, 가업상속공제에서 인정하는 정당한 사유 중 '가업상속 받은 상속인이 사망한 경우'는 정당한 사유에서 제외한다.

가업 종사요건

가업상속에 대한 상속세 납부유예를 적용받은 상속인은 상속세과세표준 신고기한까지 임원으로 취임하고, 상속개시일로부터 2년 이내에 대표이사등으로 취임하여야 하며, 대표이사등으로 취임 후부터 다른 상속인(수증자)에게 상속·증여할 때까지 가업에 종사하여야 한다. 상속세 납부유예를 적용받은 상속인이 정당한 사유 없이 가업 종사 사후 요건을 충족하지 못했을 경우에는 납부유예된 세액 전부를 납부해야 하며 상속세과세표준 신고일의 다음날부터 사유발생일까지 기간에 따른 이자상당액도 함께 납부해야 한다.

상속인이 상속개시일부터 5년 이내의 기간 중에 대표이사등으로 종사하지 않는 경우에는 가업에 종사하지 않는 것으로 본다. '대표이사등'이란 법인기업은 대표이사를 말하고 개인기업은 대표자를 말한다. '대표이사등'으로 종사하는 것으로 인정되기 위해서는 법인기업의 경우 법인등기부등본에 등재되고 실제 대표이사 직무를 수행해야 하고, 개인기업의 경우 사업자등록증상 대표자로 등재되고 실제 경영을 수행해야 한다.

또한, 해당 가업을 1년 이상 휴업하거나, 실적이 없거나, 폐업하는 경우에도 가업에 종사하지 않는 것으로 본다.

이때 가업에 종사한 것으로 보는 정당한 사유 등은 가업상속공제 제도와 동일하게 적용한다. 다만, 가업상속공제에서 인정하는 정당한 사유 중 '가업상속 받은 상속인이 사망한 경우'는 정당한 사유에서 제외한다.

지분 유지요건

가업상속에 대한 상속세 납부유예를 적용받아 주식등을 상속받은 상속인은 상속받은 주식등의 지분을 유지하여야 한다. 상속세 납부유예를 적용받은 상속인이 상속개시일로부터 5년 이내에 정당한 사유 없이 지분 유지 사후요건을 충족하지 못했을 경우에는 납부유예된 세액의 전부와 기간에 따른 이자상당액을 납부해야 한다.

상속세 납부유예를 적용받은 상속인이 상속개시일로부터 5년 후에 정당한 사유 없이 지분유지 사후요건을 충족하지 못했을 경우에는 납부유예된 세액 중 지분 감소 비율을 적용하여 계산한 세액과 상속세과세표준 신고일의 다음 날부터 사유발생일까지 기간에 따른 이자상당액을 납부해야 한다. 지분 감소 비율을 고려하여 계산한 세액은 다음과 같이 계산한다.

$$\text{지분 감소 비율 고려 세액} = \text{납부유예 받은 세액} \times \frac{\text{감소한 지분율}}{\text{상속개시일 현재 지분율}}$$

이때 지분이 감소한 정당한 사유 등은 가업상속공제 제도와 동일하게 적용한다. 다만, 가업상속공제에서 인정하는 정당한 사유 중 '가업상속 받은 상속인이 사망한 경우'는 정당한 사유에서 제외한다.

고용 유지요건

가업상속에 대한 상속세 납부유예를 적용받은 상속인은 상속개시일로부터 5년 이상 고용인원(정규직 근로자 수) 또는 총급여액의 전체 평균이 상속개시일이 속하는 소득세 과세기간 또는 법인세 사업연도의 직전 2개 소득세 과세기간 또는 법인세 사업연도의 정규직 근로자 수의 평균 또는 총급여액 평균의 70% 이상을 유지해야 한다. 상속인은 정규직 근로자 수 요건과 총급여액 요건 중 하나를 고용유지 사후요건으로 선택할 수 있다.

가업상속에 대한 상속세 납부유예를 적용받은 상속인이 상속개시일로부터 5년 이내에 정당한 사유 없이 고용유지 사후요건을 모두 충족하지 못했을 경우에는 납부유예된 세액의 전부와 상속세과세표준 신고일의 다음날부터 사유발생일까지 기간에 따른 이자상당액을 납부해야 한다.

고용유지 요건에서 규정하는 '정규직 근로자 수'와 '총급여액'에 대해서는 가업상속공제와 동일하게 적용한다.

가업용 자산 유지요건, 가업 종사요건, 지분 유지요건, 고용 유지요건 이외 해당 상속인이 사망하여 상속이 개시되는 경우에도 납부유예된 세액의 전부와 상속세과세표준 신고일의 다음날부터 사유발생일까지 기간에 따른 이자상당액을 납부해야 한다.

상속세 납부유예 신청, 허가, 재신청

납부유예 신청

상속세 납부유예를 신청하려는 자는 상속세 과세표준 신고기한까지 가업상속재산명세서와 가업상속 사실을 입증할 수 있는 서류를 포함하여 납부해야할 세액에 대한 납부유예신청서를 상속세 과세표준 신고와 함께 납세지 관할세무서장에게 제출해야 한다.

「국세기본법」 제45조에 따른 수정신고를 하는 경우에 납부유예를 신청하려면 가업상속재산명세서와 가업상속 사실을 입증할 수 있는 서류를 포함하여 납부해야할 세액에 대한 납부유예신청서를 수정신고서와 함께 제출해야 한다.

「국세기본법」 제45조의3에 따른 기한 후 신고를 하는 경우에 납부유예를 신청하려면 가업상속재산명세서와 가업상속 사실을 입증할 수 있는 서류를 포함하여 납부해야할 세액에 대한 납부유예신청서를 기한 후 신고서와 함께 제출해야 한다.

자진신고가 아닌 관할세무서로부터 과세표준과 세액 결정통지를 받은 경우에는 납부고지서에 명시되어 있는 납부기한까지 가업상속재산명세서와 가업상속 사실을 입증할 수 있는 서류를 포함하여 납부해야할 세액에 대한 납부유예신청서를 제출해야 한다.

즉, 상속세 납부유예는 납세의무자의 선택에 따라 신청을 한 경우에 한해 허가할 수 있게 규정되어 있다. 따라서 상속세 납부유예를 희망하는 경우 반드시 신고시기별 신청기한까지 관할세무서장에게 신청서를 제출해야 한다.

■ 신고시기별 상속세 납부유예 신청기한

신고 시기	상속세 납부유예 신청기한
상속세 과세표준 신고기한 내 신고 시	상속세과세표준 신고기한
수정신고 시	수정신고를 하는 때
기한 후 신고 시	기한 후 신고를 하는 때
납부고지서 통지에 의한 신청 시	고지서 상 납부기한

납부유예 허가

상속세 납부유예신청서를 받은 세무서장은 납부유예 신청기한별 규정된 기간 내에 신청인에게 허가 여부에 대한 결정결과를 서면으로 통지해야 한다. 이 경우 해당 기간까지 허가 여부에 대한 서면을 발송하지 않은 때에는 허가를 한 것으로 본다.

■ 신고시기별 상속세 납부유예 결정·통지 기한

신청 구분	연부연납 허가 통지기한
상속세 과세표준 신고기한 내 신청한 경우	상속세 과세표준 신고기한부터 9월 이내
수정신고 시 신청한 경우	신고일이 속한 달의 말일부터 9개월 이내
기한 후 신고 시 신청한 경우	신고일이 속한 달의 말일부터 9개월 이내
납부고지서 통지에 의한 신청 시	납부기한 경과일부터 14일 이내
통지기한까지 허가여부 서면발송 안한 경우	허가를 한 것으로 봄

납부고지서 통지에 의해 납부유예를 신청하는 경우에 상속인은 고지서 상 납부기한까지 납부유예를 신청할 수 있고, 납부유예를 신청 받은 과세관청은 납부기한 경과일로부터 14일 이내에 납부유예 결정·통지를 하도록 되어 있다. 만약 과세관청에서 납부기한 경과일이 지난 후에 납부유예를 불허하는 결정·통지를 하게 되면 상속인은 상속세와 더불어 납부지연 가산세도 납부해야 하는 상황이 발생하게 된다. 이 경우 납부고지서 상 납부기한 다음날부터 유예 불허가를 통지한 날까지의 기간은 납세 행정에 따른 납부지연이 발생하게 된 사유이므로 납부지연 가산세를 부과하지 않는다.

납세지 관할 세무서장은 가업상속에 대한 상속세 납부유예를 허가한 후에는 정당한 사유 없는 사후 요건 위반 여부를 매년 관리해야 한다.

납부유예 재신청

납부유예된 세액과 이자상당액을 납부하여야 하는 사유 중 지분이 감소한 경우에는 상속인의 지분이 감소한 사유가 가업승계를 위한 사전증여로 인한 것이고, 그 수증자가 「조세특례제한법」 제30조의6에 따른 '가업승계에 대한 증여세 과세특례'를 적용받거나 같은 법 제30조의7에 따른 '가업승계 시 증여세 납부유예' 허가를 받은 경우 상속인이 납부해야할 납부유예된 세액과 이자상당액에 대해 다시 납부유예를 신청할 수 있다.

납부유예된 세액과 이자상당액을 납부하여야 하는 사유 중 상속인이 사망한 경우에는 다시 상속을 받은 상속인이 상속받은 가업에 대하여 가업상속공제를 받거나 가업상속에 대한 상속세 납부유예 허가를 받은 경우 상속인이 납부해야할 납부유예된 세액과 이자상당액에 대해 다시 납부유예를 신청할 수 있다.

3 가업승계에 대한 증여세 과세특례

가업승계에 대한 증여세 과세특례 제도는 중소·중견기업 경영자들이 고령화되어 감에 따라 생전에 자녀에게 계획적인 사전 상속을 할 수 있도록 지원함으로써 중소·중견기업이 가업을 영속적으로 유지하도록 하면서 경제활력을 도모하기 위한 목적으로 도입되었다. 이 제도는 60세 이상인 부모가 10년 이상 영위한 중소·중견기업을 자녀에게 승계할 목적으로 18세 이상인 자녀에게 주식을 증여하는 경우 증여세과세가액 한도 내에서 공제액을 공제한 후 10%, 20%의 낮은 특례 세율로 증여세를 과세한 후 상속시점에 정산하도록 하고 있다.

세법 개정으로 2023년 1월 1일부터 적용되는 가업승계에 대한 증여세 과세특례 제도는 개정 이전에 비해 증여세과세가액 한도, 공제액, 과세표준이 크게 증가하였다. 과세특례를 적용받은 후 사후관리의무 기간도 단축되었다. 세법이 개정되기 전에는 증여세과세가액 한도는 100억원, 공제액은 5억원, 특례세율 10%와 20%를 적용하는 기준인 과세표준은 30억원이었다. 세법 개정 이전에 가업상속공제 제도에서 상속세과세가액에서 공제하는 가업상속재산가액 한도가 기업 영위기간에 따라 200억원 ~ 500억원이었던 것과 비교하면 증여세과세가액 한도는 비교가 되지 않을 정도로 적은 수준이었다.

그러나, 금번 「조세특례제한법」 일부 개정으로 가업승계에 대한 증여세 과세특례가 적용되는 증여세과세가액 한도를 가업상속공제 한도와 동일하게 부모의 가업 영위기간에 따라 최대 600억원으로 상향했다. 또한, 공제액은 10억원으로, 특례세율 10%와 20%를 적용하는 기준인 과세표준은 60억원으로 개정 이전 대비 각각 100%를 상향하였다. 과세특례를 적용받은 수증자가 일정 기간 가업에 종사하여야 하는 등의 의무를 부담하는 사후관리 기간은 개정 이전 7년에서 5년으로 단축하여 부담수준도 완화하였다.

가업승계에 대한 증여세 과세특례는 원활한 가업승계를 지원하기 위해 수증자(자녀)에게 주식 또는 지분을 증여 시 낮은 세율을 적용해 주기 때문에 수증자는 조세부담을 크게 완화할 수 있다. 그러나 증여 후 상속이 개시될 때 일반 증여는 상속개시일 전 10년 이내에 증여받은 재산가액에 한해 상속재산가액에 합산되는 반면 가업승계에 대한 증여세 과세특례를 적용받은 증여재산은 증여기간에 관계없이 상속이 개시될 때 상속재산가액에 합산된다. 다만, 상속이 개시되는 경우 상속개시일 현재의 시가로 평가된 가액이 아닌 당초 증여받은 증여재산가액으로 상속재산가액에 합산된다.

- 증여세 세액계산 흐름도 -

총증여재산가액
- 국내외 모든 증여재산(증여일 현재 시가로 평가(없으면 보충적 평가액으로 평가))

(−)

비과세 및 과세가액 불산입액
- 비과세(사회통념 상 인정되는 피부양자의 생활비, 교육비 등)
- 과세가액 불산입액(공익법인 출연재산, 공익신탁재산, 장애인이 증명받아 신탁한 재산가액)

(−)

채무인수액
- 증여재산에 담보된 채무인수액(임대보증금, 은행대출금 등)

(+)

사전 증여재산 가액
- 당해 증여일 전 동일인으로부터 10년 이내에 증여받은 증여재산가액의 합계액이 1천만원 이상인 경우 그 과세가액
  - 동일인 : 증여자가 직계존속인 경우 그 배우자 포함

↓

증여세 과세가액

(−)

증여재산공제등
- 세대생략

증여자	배우자	직계존속	직계비속	기타친족*
공제한도액	6억원	5천만원 (수증자가 미성년자인 경우 2천만원)	5천만원	1천만원

* 6촌이내 혈족 및 4촌이내 인척
- 위 증여재산공제한도는 10년간의 누계한도액임

(−)

평가 수수료
- 부동산 등 감정평가 수수료, 비상장주식평가 수수료 등

↓

증여세 과세표준

(×)

세율

과세표준	1억원 이하	5억원 이하	10억원 이하	30억원 이하	30억원 이상
세율	10%	20%	30%	40%	50%
누진공제액	-	1천만원	6천만원	1억 6천만원	4억 6천만원

↓

증여세 산출세액 = (증여세 과세표준 × 세율) - 누진공제액

(+)

세대생략 할증과세액
- 세대생략 증여시 30% 할증(단, 미성년자가 20억원을 초과하여 수증한 경우 40% 할증)
  - 증여자의 직계비속이 사망하여 세대생략 증여 시 제외

(−)

징수유예액
- 문화재 자료 등에 대한 징수유예액

(−)

세액공제
- 기 납부세액공제, 신고세액 공제(3%), 외국납부세액 공제

(+)

가산세
- 신고불성실 가산세(40%, 20%, 10%)
- 납부불성실 가산세

↓

증여세 납부할세액

- 증여세 과세특례를 적용받았을 경우의 증여세 계산구조 -

| 증여재산가액 | • 해당 가업승계 주식등의 가액 중 가업자산상당액 |

⊖

| 채무인수액 | • 증여재산에 담보된 채무액 중 수증자가 인수한 금액 |

＋

| 이미 과세특례 적용된 증여세 과세가액 | • 증여시기와 관계없이 이미 과세특례를 적용받은 가업승계주식 등의 과세가액을 합산
 - 기본세율을 적용하는 증여재산은 합산하지 않음 |

↓

| 증여세 과세가액 | • 가업경영 10년 이상 ~ 20년 미만 : 300억원 한도
  가업경영 20년 이상 ~ 30년 미만 : 400억원 한도
  가업경영 30년 이상　　　　　 : 600억원 한도
• 한도초과 시 일반증여재산으로 보아 기본세율로 과세 |

⊖

| 증여공제 | • 10억원 |

⊖

| 재해손실공제 | • 신고기한 이내 화재·자연재해 등으로 멸실·훼손된 손실가액 |

⊖

| 감정평가수수료 | • 납부목적 감정평가 수수료, 비상장주식평가 수수료 등 |

↓

| 증여세 과세표준 |

⊗

| 세율(특례세율 적용) | • 과세표준 60억원 미만 10%, 60억원 초과분 20% |

↓

| 증여세 산출세액 |

⊖

| 세액공제 | • 기납부세액공제, 외국납부세액공제
• 신고세액공제는 적용하지 않음 |

＋

| 가산세 | • 신고불성실 가산세(40%, 20%, 10%)
• 납부불성실 가산세 |

↓

| 상속세 납부할세액 | • 분납 · 연부연납(분납과 연부연납은 중복적용 불가)
• 물납 불가 |

가업승계에 대한 증여세 과세특례 적용 내용

과세특례 증여세 과세가액 한도

가업승계에 대한 증여세 과세특례는 가업승계를 목적으로 증여받은 해당 가업의 주식등의 가액 중에서 「상속세 및 증여세법 시행령」 제15조 제5항 제2호를 준용해 계산한 가업자산상당액에 대한 아래와 같은 증여세 과세가액을 한도로 한다.

> ❏ 가업승계에 대한 증여세 과세특례 증여세 과세가액 한도
> ① 부모가 10년 이상 20년 미만 계속하여 경영한 경우 : 300억원
> ② 부모가 20년 이상 30년 미만 계속하여 경영한 경우 : 400억원
> ③ 부모가 30년 이상 계속하여 경영한 경우 : 600억원

증여세 과세특례를 적용할 때 증여세 과세가액 한도를 초과하는 주식등의 가액은 일반 증여로 보아 직계존비속 간 증여재산공제액인 10년 간 5천만원의 증여재산공제를 적용한 후 증여세 과세표준에 따라 10~50%의 초과누진세율을 적용하여 증여세를 계산한다.

증여세 과세특례 대상 증여가액을 가업자산상당액으로 한다는 것은 증여재산 중 가업과 관련된 사업용 자산에 한정해 과세특례를 지원한다는 것이다. 따라서 가업자산상당액은 '가업상속공제' 제도에서 「법인세법」을 적용

받는 가업'의 '가업상속 재산가액'을 산출하는 방법을 준용하여 계산한다. 즉, 가업승계를 위해 증여받은 주식등의 가액에 그 법인의 총자산가액 중 증여일 현재 '사업무관자산'을 제외한 자산가액이 차지하는 비율을 곱하여 계산한 금액을 가업자산상당액으로 한다.

$$\text{가업자산상당액} = \text{증여 주식등 가액} \times \left(1 - \frac{\text{사업무관자산가액}}{\text{법인의 총자산가액}}\right)$$

사업무관자산 범위에 대해서는 앞서 설명한 '가업상속공제'의 「법인세법」을 적용받는 가업' 부분에 상세하게 기술되어 있다.

한편, 「조세특례제한법」 일부개정(2023년 1월 1일) 이전에 가업승계에 대한 증여세 과세특례를 적용받아 주식등을 증여받은 경우 세법 개정 이후에 재차 증여 시에는 증여자 및 수증자 요건을 갖추어 증가된 증여세과세가액 한도액까지 추가로 가업승계에 대한 증여세 과세특례를 적용받을 수 있다.

증여세 과세특례 과세표준 및 세율

가업승계 증여세 과세특례 적용 시 과세표준 및 세율은 증여세과세가액에서 10억원을 증여공제 후 산출된 과세표준에서 과세표준 60억원 이내는 10%의 특례세율을, 과세표준 60억원 초과액에 대해서는 20%의 특례세율을 적용하여 증여세를 부과한다.

■ 가업승계에 대한 증여세 과세특례 적용에 따른 납부세액 비교
- 25년 동안 계속하여 경영한 중소기업 주식 70%를 보유한 부(父)가 성인 자녀에게 주식 350억원을 증여
- 해당 중소기업은 총자산가액 중 사업관련 자산가액 비율 100% 가정

가업승계에 대한 증여세 과세특례 적용 시	구 분	일반 증여 시
350억원	증여세 과세가액	350억원
(10억원)	증여공제	(0.5억원)
340억원	증여세 과세표준	345.5억원
60억원 × 10% 280억원 × 20%	세율	50% (누진공제 4.6억원)
62억원	산출세액	168억 1,500만원
0원	신고세액공제	(5억 445만원)
62억원	납부할 증여세액	163억 1,055만원

※ 가업승계에 대한 증여세 과세특례 적용 시 101억 1,055만원의 증여세를 적게 부담
※ 가업승계에 대한 증여세 과세특례 적용 시 20% 세율을 적용받는 금액은 증여세 과세가액에서 10억원을 공제한 증여세 과세표준에서 60억원을 초과하는 즉, 증여세 과세가액 기준 70억원을 초과하는 금액임에 유의

2인 이상이 증여받는 경우 증여세 과세특례 적용

2020년 1월 1일 이후 증여분부터는 가업을 2인 이상이 승계하는 경우에도 가업승계에 대한 증여세 과세특례를 적용받을 수 있게 되었다. 이에 따라 2020년 1월 1일 이후 가업승계에 대한 증여세 과세특례를 적용할 때 주식등을 증여받고 가업을 승계한 수증자가 2인 이상인 경우에는 각 수증자가 증여받은 주식등을 1인이 모두 증여받은 것으로 보아 증여세를 부과한다. 각 수증자가 납부해야 하는 증여세액은 다음과 같은 방법에 따라 계산한 금액으로 한다.

① 동시 증여 시

동시 증여란 2인 이상의 수증자가 같은 날에 주식등을 증여받은 경우를 말한다. 이 경우에는 먼저 1인이 모두 증여받은 것으로 보아 가업승계에 대한 증여세 과세특례의 적용에 따라 부과되는 증여세액을 산출한다. 여기에 총 증여 주식등의 가액에서 각 수증자가 증여받은 주식등의 가액이 차지하는 비율을 곱해 각 수증자가 납부해야할 증여세액을 계산한다. 따라서 2인 이상이 증여받는 경우에도 1인이 증여받는 경우와 총 세부담은 동일하게 계산된다.

■ 동시 증여 시 과세특례 적용 방법 예
- 25년 동안 계속하여 경영한 중소기업 주식 70%를 보유한 부(父)가 성인 자녀인 장남에게 주식 200억원, 차남에게 120억원을 같은 날 증여
- 해당 중소기업은 총자산가액 중 사업관련 자산가액 비율 100% 가정

① 1인이 모두 증여받은 것으로 가정한 증여세 과세특례 적용

증여세 과세가액	200억원(장남) + 120억원(차남) = 320억원
증여공제	(10억원)
증여세 과세표준	320억원 − 10억원 = 310억원
세율	60억원 × 10% 250억원 × 20%
산출세액	6억원 + 50억원 = 56억원

② 각 거주자가 납부할 증여세액

- 장남이 납부할 증여세액 : 56억원 × $\left(\dfrac{200억원}{200억원 + 120억원}\right)$ = 35억원

- 차남이 납부할 증여세액 : 56억원 × $\left(\dfrac{120억원}{200억원 + 120억원}\right)$ = 21억원

② 순차 증여 시

순차 증여란 해당 주식등의 증여일 전에 다른 수증자가 해당 가업의 주식등을 증여받고 가업승계에 대한 증여세 과세특례의 적용에 따라 증여세를 부과 받아 납부(1차 증여)한 후 다시 증여가 발생(2차 증여)한 경우를 말한다. 이 경우에는 1차 증여를 받은 수증자가 2회 이상 주식등을 증여받은 것으로 보아 증여세를 계산한다. 먼저 1차 증여와 2차 증여에 따른 과세특례 대상 주식가액을 합산하여 2차 증여 시 납부할 증여세액을 계산한다. 이 금액에서 1차 증여 시 이미 납부한 증여세액을 증여세액공제로 차감하여 2차 증여를 받은 수증자가 납부할 증여세액을 계산한다.

따라서 1인이 증여받는 경우와 총 세부담은 동일하게 계산되기 때문에 동시 증여를 할 때 총 세부담과도 동일하게 계산된다.

■ **순차 증여 시 과세특례 적용 방법 예**
- 25년 동안 계속하여 경영한 중소기업 주식 70%를 보유한 부(父)가 성인 자녀인 장남에게 주식 200억원을 증여하고 그 증여가 있은 후 1년 뒤에 차남에게 120억원을 증여
- 해당 중소기업은 총자산가액 중 사업관련 자산가액 비율 100% 가정
① 1차 증여시 장남이 납부할 증여세액

증여세 과세가액	200억원
증여공제	(10억원)
증여세 과세표준	200억원 - 10억원 = 190억원
세율	60억원 × 10% 130억원 × 20%
산출세액	6억원 + 26억원 = 32억원

② 2차 증여시 차남이 납부할 증여세액

증여세 과세가액	200억원(장남) + 120억원(차남) = 320억원
증여공제	(10억원)
증여세 과세표준	320억원 - 10억원 = 310억원
세율	60억원 × 10% 250억원 × 20%
산출세액	6억원 + 50억원 = 56억원
기 납부세액	(1차 증여시 이미 납부한 증여세액) 32억원
차남이 납부할 증여세액	56억원 - 32억원 = 24억원

가업승계에 대한 증여세 과세특례 적용 요건

가업승계에 대한 증여세 과세특례를 받기 위해서는 신청 조건인 사전 요건을 충족해야 한다. 증여세 과세특례를 받은 후에는 일정기간 동안 사후관리 요건을 유지해야 한다. 이는 증여세 과세특례가 중소기업등이 경영자의 고령화로 인해 발생할 수 있는 경영불안정성 리스크에 대처할 수 있도록 경영자가 생전에 자녀에게 가업을 계획적으로 사전 상속할 수 있게 지원하기 위하여 가업상속공제에 준하는 세제혜택을 주는 제도이므로 그 대상을 명확하게 설정할 필요가 있고, 세제 혜택을 받은 중소기업등이 지속적인 부가가치 창출로 경제성장에 기여하는 동시에 안정된 일자리를 유지·확대시키는 효과를 도모하도록 해야 하기 때문이다.

사전 요건

증여세 과세특례를 적용받기 위해서는 증여일 현재 가업 요건, 증여자 요건, 수증자 요건을 모두 충족하여야 한다.

가업 요건

가업승계에 대한 증여세 과세특례를 적용받기 위해 충족해야 할 가업요건으로는 가업 경영기간 요건과 업종 및 가업 규모 요건이 있다.

가업 경영기간 요건

증여세 과세특례를 적용받기 위한 가업은 증여자인 부모가 10년 이상 계속하여 경영한 기업이어야 한다. 여기에서 경영이란 단순히 지분을 소유하는 것을 넘어 가업의 효과적이고 효율적인 관리 및 운영을 위하여 실제 가업운영에 참여한 경우를 의미하며, 증여자인 부모가 증여일까지 계속해서 사실상 경영해야 함을 의미한다.

증여세 과세특례 적용 대상 가업은 증여자인 부모가 주된 업종을 10년 이상 계속하여 경영한 기업이어야 하는데, 증여자가 가업을 영위한 기간을 계산할 때 주된 업종의 범위는 앞에서 설명한 '가업상속공제' 제도에서와 마찬가지로 2022년 2월 15일 이후부터는 '한국표준산업분류상 동일한 대분류 내의 다른 업종으로 주된 사업을 변경한 경우에는 업종 변경으로 보지 않고 사업을 영위한 기간을 합산'하여 적용한다.

증여세 과세특례는 「법인세법」을 적용받는 가업만을 대상으로 하기 때문에 개인사업자는 증여세 과세특례를 적용받을 수 없다. 다만, 증여자가 개인사업자로 영위하던 가업을 동일업종의 법인기업으로 전환하고 법인 설립 이후 증여자가 계속하여 그 법인의 최대주주등을 유지하는 경우에는 증여자가 개인사업자로 가업을 영위하던 기간을 가업경영기간에 포함하여 계산하므로 법인전환한 가업이 개인사업자로 영위한 기간부터 법인사업자로 전환한 후 증여일 현재까지 경영기간이 합산하여 10년 이상이면 증여세 과세특례를 적용받을 수 있다.

업종 및 가업 규모 요건

「조세특례제한법」 제30조의6은 가업승계에 대한 증여세 과세특례를 적용받기 위해서는 「상속세 및 증여세법」 제18조의2 제1항에 따른 가업에 해당하는 주식등을 증여받아야 하고, 이 경우 "피상속인"은 "부모"로, "상속인"은 "거주자"로 본다고 규정하고 있다.

따라서, 가업승계에 대한 증여세 과세특례를 적용받을 수 있는 업종 및 가업 규모 요건은 가업상속공제와 마찬가지로 증여일 직전 소득세 과세기간 또는 법인세 사업연도 말 현재 다음의 요건을 모두 갖춘 중소기업 또는 중견기업이어야 한다.

① 중소기업 요건

① 「상속세 및 증여세법 시행령」 별표에 따른 업종을 주된 사업으로 영위할 것
② 「조세특례제한법 시행령」제2조제1항제1호 및 제3호의 요건을 충족할 것
③ 자산총액이 5천억원 미만일 것

② 중견기업 요건

① 「상속세 및 증여세법 시행령」 별표에 따른 업종을 주된 사업으로 영위할 것
② 「조세특례제한법 시행령」 제9조제4항제1호 및 제3호의 요건을 충족할 것
③ 상속개시일 직전 3개 소득세 과세기간 또는 법인세 사업연도 매출액의 평균 금액이 5천억원 미만인 기업일 것

가업승계에 대한 증여세 과세특례를 적용받을 수 있는 업종 및 가업 규모 요건은 가업상속공제와 동일하게 적용한다. 따라서 중소·중견기업 요건에 관한 세부내용은 앞에서 설명한 '가업상속공제'의 해당 부분을 참조하면 된다.

증여자 요건

증여자는 60세 이상의 부모여야 한다. 그 부모가 각각 10년 이상 계속하여 가업을 경영한 경우에 해당해야 한다. 이 때 '60세 이상의 부모'에는 증여 당시 아버지나 어머니가 사망한 경우에는 그 사망한 아버지나 어머니의 부모를 포함한다.

증여자는 중소기업 또는 중견기업의 최대주주등이어야 한다. 증여자와 그의 특수관계인이 보유한 주식등을 합해 해당 기업이 발행한 주식총수의 40%(상장법인인 경우 20%) 이상을 10년 이상 계속하여 보유해야 한다. 최대주주등이 증여일 현재 10년 이상 계속하여 발행주식총수의 40%(20%) 이상을 보유해야 하므로 증여일 전 10년의 기간 중 단 한번이라도 발행주식총수의 40%(20%) 미만으로 지분을 보유한 적이 있는 경우에는 가업승계 증여세 과세특례를 적용받을 수 없다.

최대주주등으로서 발행주식총수의 40%(20%) 이상 지분을 보유해야 하는 요건은 증여일 전에 증여자가 가업을 영위한 기간 중 10년 이상을 계속하여 충족해야 하는 것이다. 따라서 증여자가 10년 이상 계속하여 가업을 영위한 기간을 계산할 때는 최대주주등으로서 발행주식총수의 40%(20%) 이상 지분보유 요건을 충족한 상태에서 실제 가업을 운영한 기간을 기준으로 판단한다.

최대주주등이란 주주 1인과 그의 특수관계인이 보유한 주식등을 합해 그 보유주식등의 합계가 가장 많은 경우의 해당 주주 1인과 그의 특수관계인 모두를 말한다. 즉, 증여자와 그의 특수관계인이 보유한 주식등을 합해 최대주주등인 경우에는 증여자 및 그와 특수관계인 모두를 최대주주등으로 보기 때문에 증여자의 지분이 가장 크지 않더라도 다른 모든 요건을 충족한 경우에는 가업승계에 대한 증여세 과세특례가 적용된다.

발행주식총수의 40%(20%) 이상을 10년 이상 계속하여 보유하였는지를 판단할 때 「상법」에 따른 의결권 없는 우선주는 발행주식총수 및 증여자와 그의 특수관계인이 보유한 주식수에서 제외한다. 또, 주식발행법인이 보유한 자기주식은 발행주식총수에서 제외한다.

한편, 과세관청에서는 증여자가 10년 이상 해당 주식을 보유하여야만 가업승계에 대한 증여세 과세특례를 적용받을 수 있다는 입장을 명확히 밝혀 왔었다. 그러나 최근 대법원에서는 "'증여자가 해당 주식을 10년 이상 보유할 것'은 「조세특례제한법」 제30조의6 제1항에서 정한 가업의 승계에 대한 증여세 과세특례를 적용하기 위한 요건이라 할 수 없음(대법원 2020.5.28. 선고 2019두44095)"이라고 판결했다. 이 판결 이후 증여자가 10년 이상 계속 보유하지 않은 주식에 대해서도 가업승계에 대한 증여세 과세특례를 적용받을 수 있게 되었다.

가업상속공제에서는 피상속인의 대표이사 재직요건이 요구되는 것과 달리 가업승계에 대한 증여세 과세특례를 적용할 때는 증여자의 대표이사 재직요건은 요구되지 않는다.

한편 증여자인 60세 이상의 부모가 별도로 각각 다른 가업을 10년 이상 계속하여 경영해 왔고, 각각 다른 가업이 가업승계에 대한 증여세 과세특례 적용을 위해 요구하는 요건을 모두 충족할 때는 다른 가업 모두에 대해 개별적으로 가업승계에 대한 증여세 과세특례를 적용한다.

> 대법원 2019두44095, 2020. 5. 28. 완료

【요 지】 '증여자가 해당 주식을 10년 이상 보유할 것'은 구 조세특례제한법 제30조의6 제1항에서 정한 가업의 승계에 대한 증여세 과세특례를 적용하기 위한 요건이라 할 수 없음.

 원심의 위와 같은 판단은 정당하고, 거기에 상고이유 주장과 같이 구 조세특례제한법 제30조의6 제1항 본문 및 구 상속세및증여세법 제18조 제2항 제1호에서 정한 가업의 승계에 대한 증여세 과세특례의 적용요건에 관한 법리를 오해한 잘못이 없다.

 가업의 승계에 관하여 증여세나 상속세의 과세특례를 규정한 취지는 중소기업의 영속성을 유지하고 경제 활력을 도모할 수 있도록 일정한 가업의 증여와 상속에 대하여 세제지원을 하고자 함에 있는데, 구 조세특례제한법 제30조의6 제1항, 구 상속세 및 증여세법 제18조 제2항 제1호, 구 상속세 및 증여세법 시행령 제15조 제3항에 따르면, 증여세 과세특례의 대상인 '가업'에 해당하려면, '증여자인 부모가 최대주주 또는 최대출자자로서 10년 이상 계속하여 그의 특수관계인의 주식 또는 출자지분을 합하여 일정비율, 즉 발행주식총수 또는 출자총액의 100분의 50 이상을 보유할 것'을 충족하면 되고, '증여자가 증여하는 해당 주식을 10년 이상 계속하여 보유할 것'까지 충족할 필요는 없다.

 피고는, 원고의 주장처럼 증여자인 부모가 해당 주식을 보유한 기간과는 무관하게 언제든지 증여세 과세특례가 적용된다고 해석한다면, 증여일 바로 전날 증여자인 부모가 취득한 주식의 증여에 대해서도 증여세 과세특례가 적용된다는 결론에 이르게 되고, 이는 부모가 '10년 이상 계속하여 경영하던 가업'의 승계에 대하여 세제지원을 한다는 증여세 과세특례 규정의 입법 취지를 형해화하고 조세회피의 수단으로 악용될 수 있어 부당하다고 주장한다. 그러나 증여자인 부모가 최대주주 또는 최대출자자로서 10년 이상 계속하여 그의 특수관계인의 주식 또는 출자지분을 합하여 발행주식총수의 100분의 50 이상을 보유하면서 해당 기업을 경영함으로써 증여세 과세특례의 대상인 '가업'의 요건을 충족한 기업의 승계를 위한 주식의 증여에 있어서 증여자가 10년 이상 보유하지 아니한 주식에 대해서 세제지원을 한다고 하여 그것이 가업의 승계에 대한 증여세 과세특례 규정의 입법 취지를 형해화하는 것이라고 할 수는 없다.

수증자 요건

수증자는 다음의 요건을 모두 갖추어야 한다. 수증자의 배우자가 다음의 모든 요건을 갖춘 때에는 수증자가 그 요건을 갖춘 것으로 본다.

> ① 증여일 현재 18세 이상의 거주자일 것
> ② 증여세과세표준 신고기한까지 가업에 종사하고, 증여일로부터 3년 이내에 대표이사에 취임할 것

가업승계에 대한 증여세 과세특례를 적용받기 위해서는 수증자가 증여일 현재 18세 이상인 성인이어야 한다. 또한, 수증자는 증여세과세표준 신고기한(증여재산을 취득한 달의 말일부터 3개월)까지 가업에 종사하고, 증여일로부터 3년 이내에 대표이사에 취임해야 한다. 1개의 가업을 2인 이상이 공동 증여를 받은 경우에도 수증자들은 예외 없이 이 요건을 충족해야 한다. 수증자들 모두가 증여세과세표준 신고기한까지 가업에 종사하고, 증여일로부터 3년 이내에 공동대표 또는 각자대표로 취임하여야 하는 것이다.

가업승계에 대한 증여세 과세특례를 적용받아 가업을 승계한 후에는 가업승계를 위한 증여 당시 최대주주 또는 최대출자자에 해당하는 다른 주주가 다시 주식등을 증여하는 경우에는 승여세 과세특례를 적용하지 않는다. 다만, 가업 승계 당시 해당 주식등의 증여자 및 해당 주식을 증여받은 수증자는 재차 가업승계에 대한 증여세 과세특례를 적용받아 증여가 가능하다.

> 서울행정법원 2018구합88159, 2019. 06. 21. 완료
>
> 【요 지】 조세특례제한법 가업승계 특례규정에 의하면 **가업승계의 주체는 '자녀' 외에 '자녀의 배우자'도 될 수 있으나 주식의 수증자는 '자녀'여야 함이 문언상 분명하**고, 원고가 국세상담센터의 착오 답변에 의해 주식의 수증자가 자녀의 배우자인 경우에도 조세특례제한법 제30조의6 제1항이 적용된다고 믿은 것에 대해서 정당한 사유가 있다고 보기도 어려움
>
> 조세특례제한법 제30조의6 제1항은 '19세 이상인 거주자가 60세 이상의 부모로부터 가업의 승계를 목적으로 해당 가업의 주식을 증여받고 대통령령으로 정하는 바에 따라 가업을 승계한 경우' 과세특례를 적용하도록 규정하고 있고, 같은 법 시행령 제27조의6 제1항은 '가업을 승계한 경우'를 '해당 가업의 주식 등을 증여받은 자 또는 그 배우자'가 상속세 및 증여세법 제68조에 따른 증여세 과세표준 신고기한까지 가업에 종사하고 증여일부터 5년 이내에 대표이사에 취임하는 경우로 규정하고 있다. 따라서 위 특례규정에 의하면 가업승계의 주체는 '자녀' 외에 '자녀의 배우자'도 될 수 있으나 주식의 수증자는 '자녀'여야 함이 문언상 분명하다.

사후 요건

증여세 과세특례를 적용받은 수증자는 주식등을 증여받은 날부터 5년 이내의 기간 동안 정당한 사유 없이 사후 의무요건을 이행하지 않으면 증여세 과세특례를 적용받은 주식등의 가액에 대해 기본세율(10%~50%)로 증여세를 부과한다. 사후 관리 위반 사유가 발생하게 되면 사유발생일이 속하는 달의 말일부터 3개월 이내에 위반 사실에 대해 납세지 관할세무서장에게 신고하고 해당 증여세와 이자상당액을 납부해야 한다. 이 때 가산하는 이자상당액은 다음과 같이 계산한다.

$$\text{이자상당액} = \begin{array}{c}\text{사후관리 위반에}\\ \text{의해 결정한}\\ \text{증여세액}\end{array} \times \begin{array}{c}\text{증여세과세표준}\\ \text{신고기한 다음날부터}\\ \text{추징사유발생일까지 기간}\end{array} \times \frac{22}{100,000}$$

가업승계에 대한 증여세 과세특례를 적용받은 수증자가 지켜야 할 사후관리 요건에는 가업승계 및 대표이사 취임 요건, 가업 종사요건, 지분 유지 요건이 있다.

가업승계 및 대표이사 취임 요건

가업승계에 대한 증여세 과세특례를 적용받은 18세 이상인 거주자는 부모로부터 주식등을 증여받고 가업을 승계해야 한다. '가업의 승계'란 수증자 또는 요건을 모두 갖춘 수증자의 배우자가 증여세 과세표준 신고기한까지 가업에 종사하고 증여일로부터 3년 이내에 대표이사에 취임한 것을 말한다.

이때 수증자가 가업승계를 목적으로 주식등을 증여받기 전에 기업의 공동대표이사로 취임한 경우에도 가업승계에 대한 증여세 과세특례가 적용되며, 증여일 이후 증여자의 공동대표직 퇴임 여부는 증여세 과세특례 적용 여부와 관계없다.

가업승계 및 대표이사 취임 요건을 충족하지 못했을 경우에는 주식등의 가액에 대해 기본세율로 증여세가 부과되며, 기간에 따른 이자상당액도 증여세에 가산하여 부과한다.

> 수원고등법원 2019누12575, 2020. 10. 07. 진행중

【요 지】 (1심 판결과 같음) '**대통령령으로 정하는 바에 따라 가업을 승계하지 아니한 경우**', '**정당한 사유**'가 있는지 무관하게 위 **증여세 과세특례 대상에 해당하지 않는다.**

 '승계'의 사전적 의미는 '선임자의 뒤를 이어받음' 또는 '다른 사람의 권리나 의무를 이어받는 일'이다. 중소기업진흥에 관한 법률 제2조 제10호에서는 '가업승계'를 "중소기업이 동일성을 유지하면서 상속이나 증여를 통하여 그 기업의 소유권 또는 경영권을 친족에게 이전하는 것"으로 정의하고 있는데, 소유권을 이전하는 것은 주식, 출자지분 등의 이전을, 경영권을 이전하는 것은 사용자가 기업체를 관리·경영할 수 있는 권한을 이전하는 것으로 볼 수 있다.

 구 조세특례제한법이 가업의 승계에 관하여 증여세의 과세특례를 규정한 취지는 중소기업의 영속성을 유지하고 경제 활력을 도모할 수 있도록 일정한 가업의 상속과 증여에 대하여 세제지원을 하고자 함에 있고(대법원 2014. 3. 13. 선고 2013두17206 판결 참조), 주식 등의 수증자에 대하여 증여세 과세특례의 요건으로 가업의 승계를 요구하고 있으므로 이러한 가업의 승계는 소유승계와 함께 경영승계가 수반될 필요가 있음이 분명한 점을 고려하면, 이 사건 법률조항 제1항, 제2항 각 호 외의 부분 전단에서 말하는 '가업을 승계한 경우'의 의미는 대통령령에서 주식 등의 수증자가 가업의 영속성을 유지하기 위한 목적에서 기업의 경영권을 이전받는 행위로 그 범위가 정하여질 것임을 예측할 수 있다. 그리고 기업의 대표이사로 취임하는 것은 기업의 경영권을 이전받는 방식으로 가장 일반적으로 생각할 수 있는 방법이다.

【1심의 판단】
「상속세 및 증여세법」제68조에 따른 증여세 과세표준 신고기한까지 가업에 종사하고 증여일부터 5년 이내에 대표이사에 취임하여야 하고, ㉠'주식 등을 증여받은 자가 대통령령으로 정하는 바에 따라 가업을 승계하지 아니하거나'(즉, 상속세 및 증여세법 제68조에 따른 증여세 과세표준 신고기한까지 가업에 종사하고 증여일부터 5년 이내에 대표이사에 취임하지 아니하거나) ㉡ (대통령령이 정하는 바에 따라 가업을 승계하였더라도, 즉 상속세 및 증여세법 제68조에 따른 증여세 과세

표준 신고기한까지 가업에 종사하고 증여일부터 5년 이내에 대표이사에 취임하였더라도) '가업을 승계한 후 주식 등을 승계받은 날로부터 10년 이내에 대통령령으로 정하는 정당한 사유 없이 다음 각 호의 어느 하나에 해당하게 되는 경우'에는 위 증여세과세특례를 적용받지 못한다고 할 것이다. 따라서 위 ㉠ '주식 등을 증여받은 자가 대통령령으로 정하는 바에 따라 가업을 승계하지 아니한 경우', 즉, 상속세 및 증여세법 제68조에 따른 증여세 과세표준 신고기한까지 가업에 종사하고 증여일부터 5년 이내에 대표이사에 취임하지 아니한 경우에는 '대통령령이 정하는 정당한 사유'가 있는지 무관하게 위 증여세 과세특례 대상에 해당하지 않는다고 보아야 한다.

가업 종사요건

가업승계에 대한 증여세 과세특례를 적용받은 수증자는 증여일로부터 5년 이상 가업에 종사해야 한다. 수증자의 배우자가 수증자 요건을 모두 갖추고 대표이사에 취임한 경우에는 그 수증자가 요건을 갖춘 것으로 본다. 또한 수증자가 증여자와 공동대표이사로 취임하는 것도 가능하다.

증여세 과세특례를 적용받은 수증자가 증여일로부터 5년 이내에 정당한 사유 없이 가업종사 사후요건을 충족하지 못했을 경우 기본세율로 증여세가 부과되며, 기간에 따른 이자상당액도 가산하여 부과한다.

가업에 종사하지 않는 것으로 보는 경우

수증자(수증자의 배우자가 수증자 요건을 모두 갖춘 경우 수증자의 배우자 포함)가 증여일로부터 5년까지 대표이사로 종사하지 않는 경우에는 가업에 종사하지 않게 된 것으로 본다. '대표이사'로 종사하는 것으로 인정되기 위해서는 법인등기부등본에 등재되고 실제 대표이사 직무를 수행해야 한다.

또한, 증여세 과세특례를 적용받고 증여일로부터 5년 이내에 가업의 주된 업종을 변경하는 경우에는 가업에 종사하지 않게 된 것으로 본다. 다만, 한국표준산업분류에 따른 대분류 내에서 업종을 변경하는 경우와 평가심의위원회의 심의를 거쳐 업종 변경을 승인하는 경우에는 주된 업종의 변경으로 보지 않는다. 하지만 한국표준산업분류에 따른 대분류 내에서 업종을 변경하는 경우에도 '「상속세 및 증여세법 시행령」 별표'에 따른 가업상속공제 적용 대상 업종으로 변경하는 경우에만 업종의 변경으로 보지 않음에 유의해야 한다.

해당 가업을 1년 이상 휴업하거나, 실적이 없거나, 폐업하는 경우 가업에 종사하지 않게 된 것으로 보아 기본세율로 증여세를 부과하고 기간에 따른 이자상당액도 증여세에 가산하여 부과한다. 가업승계 후에 경영사정 등 사유로 폐업하게 될 경우에도 사후관리 위반으로 보아 증여세를 추징한다.

> **조심 2019서0825, 2019. 05. 08.**
>
> 청구인은 2013년 3월 쟁점법인의 대표이사에 취임한 후 2015년 5월 사임하여 가업승계에 따른 증여세 과세특례 사후관리 요건을 위반한 것으로 보이는 점, **상증세법에서 기업경영악화로 인한 대표이사 사임을 증여세 추징을 면할 정당한 사유로 열거하고 있지 않은 점** 등에 비추어 처분청에서 청구인이 **가업승계에 따른 증여세 감면에 대한 사후관리 요건을 위배**한 것으로 보아 증여세를 부과한 이 건 처분은 달리 잘못이 없음

> **조심 2018서2171, 2018. 09. 10.**
>
> 청구인이 가업승계 후 쟁점법인이 2년 2개월만에 폐업되었으므로 가업승계의 증여세특례 사후관리 요건을 위반한 것으로 보이는 점, 관련 법령 등에 **법원의 파산선고에 따른 폐업을 '정당한 사유'나 '부득이한 사유'로 열거하지 있지 않은 점** 등에 비추어 청구인이 **사후관리 요건을 위배**하였다고 보아 처분청이 이 건 증여세를 과세한 처분은 잘못이 없는 것으로 판단됨

가업에 종사하지 않은 정당한 사유

증여세 과세특례를 적용받은 수증자가 증여일로부터 5년 이상 가업에 종사하지 않은 경우에도 정당한 사유로 보는 경우는 다음과 같다.

첫째, 증여세 과세특례를 적용받아 가업을 승계한 수증자가 사망한 경우로서 수증자의 상속인이 상속세과세표준 신고기한까지 당초 수증자의 지위를 승계하여 가업에 종사하는 경우에는 가업에 종사하지 않은 정당한 사유로 본다.

둘째, 수증자가 증여받은 주식등을 국가 또는 지방자치단체에 증여하는 때에는 가업에 종사하지 않은 정당한 사유로 본다.

셋째, 수증자가 법률에 따른 병역의무 이행, 질병 요양, 취학상 형편 등으로 가업에 직접 종사할 수 없는 사유가 있는 때에는 가업에 종사하지 않은 정당한 사유로 본다. 다만, 이 사유에 해당하는 경우 그 부득이한 사유가 종료된 후에 가업에 종사하지 않거나 증여받은 주식등을 처분하는 경우에는 정당한 사유로 보지 않고 증여세를 추징한다.

지분 유지요건

가업승계에 대한 증여세 과세특례를 적용받아 주식등을 증여받은 수증자는 증여일로부터 5년 이상 증여받은 주식등의 지분을 유지하여야 한다. 가업승계에 대한 증여세 과세특례를 적용받은 수증자가 증여일로부터 5년 이내에 정당한 사유 없이 지분유지 사후요건을 충족하지 못했을 경우에는 기본세율로 계산한 증여세와 기간에 따른 이자상당액을 납부해야 한다.

지분이 감소한 경우

다음 중 어느 하나에 해당하는 경우 지분이 감소한 것으로 본다.

> ❏ **지분이 감소한 것으로 보는 경우**
> ① 수증자가 증여받은 주식등을 처분하는 경우
> ② 증여받은 주식등을 발행한 법인이 유상증자 등을 하는 과정에서 실권 등으로 수증자의 지분율이 낮아지는 경우
> ③ 수증자와 특수관계인이 주식등을 처분하거나 유상증자할 때 실권 등으로 지분율이 낮아져 수증자가 최대주주등에 해당되지 않게 된 경우
> ④ 해당 법인의 감자로 인하여 수증자의 보유주식 수가 감소한 경우

지분이 감소한 정당한 사유

증여세 과세특례를 적용받아 주식등을 증여받은 수증자가 증여일로부터 5년 이상 증여받은 주식등의 지분을 유지해야 하지만 증여받은 기업이 조직변경, 사업확장 등의 사유로 증여받은 지분이 감소하는 경우 등 몇 가지 사유에 대해서는 지분이 감소하였더라도 최대주주등에 해당하는 경우에는 예외적으로 지분이 감소한 정당한 사유로 보아 증여세를 추징하지 않는다. 지분감소의 정당한 사유로 보는 경우를 구체적으로 살펴보면 다음과 같다.

첫째, 합병·분할 등 조직변경에 따라 주식등을 처분하였으나 처분 후에도 수증자가 합병법인 또는 분할신설법인 등 조직변경에 따른 법인의 최대주주등에 해당하는 경우에는 지분이 감소한 정당한 사유로 본다.

둘째, 「자본시장과 금융투자업에 관한 법률」 제390조 제1항에 따른 상장규정의 상장요건을 갖추기 위하여 지분을 감소시킨 경우는 지분이 감소한 정당한 사유로 본다.

셋째, 해당 법인의 시설투자, 사업규모 확장 등에 따른 유상증자를 할 때 수증자의 특수관계인이 아닌 제3자를 투자자로 유치하여 신주를 배정하기 위하여 실권함으로써 수증자의 지분율이 낮아졌으나 제3자 배정 유상증자 후에도 수증자가 최대주주등에 해당하는 경우에는 지분이 감소한 정당한 사유로 본다.

넷째, 해당 법인의 채무가 출자전환됨에 따라 수증자의 지분율이 낮아졌으나 수증자가 최대주주등에 해당하는 경우에는 지분이 감소한 정당한 사유로 본다.

다섯째, 가업승계에 대한 증여세 과세특례를 적용받은 수증자가 사망한 경우 사망한 수증자의 상속인이 상속세 과세표준 신고기한까지 당초 수증자의 지위를 승계하여 가업에 종사할 때는 지분이 감소한 정당한 사유로 본다.

여섯째, 수증자가 증여받은 주식등을 국가 또는 지방자치단체에 증여하는 경우에는 지분이 감소한 정당한 사유로 본다.

가업승계에 대한 증여세 과세특례 적용 관련 기타 사항

상속재산에 가산

가업승계에 대한 증여세 과세특례를 적용받은 가업승계 주식등은 상속세 납세의무를 적용할 때 상속재산에 가산하는 증여재산으로 본다. 또한, 증여자가 사망해 상속이 개시되는 경우 해당 주식등을 증여받은 날부터 상속개시일까지의 기간과 관계없이 상속세 과세가액에 가산해 상속세를 정산한다. 그러나 상속공제 한도액을 계산할 때는 증여세 과세특례를 적용받은 주식등은 상속세 과세가액에 가산한 증여재산으로 보지 않는다. 따라서 가업승계에 대한 증여세 과세특례를 적용받은 가업승계 주식등의 가액은 상속공제 한도액을 계산할 때 상속세 과세가액에서 빼지 않고 전액 상속공제를 적용받을 수 있다.

증여세액공제

가업승계에 대한 증여세 과세특례를 적용받은 가업승계 주식등에 대한 증여세액은 상속세 산출세액에서 공제하지만 공제할 증여세액이 상속세 산출세액보다 많아도 그 차액에 상당하는 증여세액은 환급하지 않는다.

일반 증여재산과 합산과세 배제

일반증여의 경우에는 해당 증여일 전 10년 이내에 동일인(증여자가 직계존속인 경우에는 그 직계존속의 배우자 포함)으로부터 증여받은 증여재산가액 합계액이 1천만원 이상인 경우에는 합산배제증여재산인 경우를 제외하고는 그 가액을 증여세 과세가액에 가산한다. 그러나, 가업승계 증여세 과세특례를 적용받은 가업승계 주식등에 증여세를 부과할 때는 동일인(그 배우자 포함)으로부터 증여받은 증여세 과세특례를 적용받은 주식등 외의 다른 증여재산 가액은 증여세 과세특례를 적용받은 주식등에 대한 증여세 과세가액에 가산하지 않는다.

신고세액공제 배제

일반증여 시 증여세 과세표준을 신고할 때 신고세액공제(3%)를 적용해 주는 것과 달리 가업승계 증여세 과세특례를 적용받은 가업승계 주식등에 대한 증여세 과세표준을 신고할 때는 신고세액공제를 적용해 주지 않는다.

창업자금에 대한 증여세 과세특례와 중복적용 불가

가업승계 증여세 과세특례를 적용받은 거주자는 「조세특례제한법」 제30조의5에서 규정하고 있는 '창업자금에 대한 증여세 과세특례'를 적용하지 않는다. 수증자 한 사람은 동일 승여자에게서 가업승계 증여세 과세특례와 창업자금 증여세 과세특례 중 한 가지만 적용받을 수 있다.

증여세 과세특례 적용대상 주식등의 증여이익

가업승계에 대한 증여세 과세특례 적용대상 주식등을 증여받은 후 증여받은 주식등이 증여받은 날부터 5년 이내에 증권시장에 상장되거나 특수관계에 있는 주권상장법인과 합병되어 증여받은 주식등의 가액이 증가하여 증여이익이 발생한 경우 가업승계에 대한 증여세 과세특례 대상 주식등의 과세가액과 증여이익을 합해 100억원까지 납세자의 선택에 따라 가업승계에 대한 증여세 과세특례를 적용받을 수 있다. 이 경우 가업승계에 대한 증여세 과세특례를 적용받은 증여이익은 상속세 과세가액 합산기간 10년을 적용하지 않고 증여받은 날부터 상속개시일까지의 기간에 관계없이 상속세 과세가액에 가산한다.

증여이익에 대해서는 「조세특례제한법 시행령」 제27조의6 제8항에서 규정하고 있다. 금번 세법개정으로 증여세 과세특례 과세가액 한도가 증대 되었으나 현재 이 증여이익 시행령 조항은 개정되지 않았다.

상속이 개시될 때 가업상속공제 가능

가업승계에 대한 증여세 과세특례 대상인 주식등을 증여받은 후 상속이 개시되는 경우 상속개시일 현재 가업상속의 요건을 갖춘 경우에는 가업상속으로 보아 가업상속공제가 가능하다. 이때 피상속인 요건으로는 지분율 요건만 적용하고 대표이사 재직요건은 적용하지 않는다. 또한, 가업요건 중 피상속인이 가업승계에 대한 증여세 과세특례 적용에 따라 보유한 가업의 주식등을 전부 수증자에게 증여하여 가업상속 요건 중 피상속인이 최대주주등으로 지분 40%(상장 20%) 이상 보유해야 하는 요건을 충족하지 못하는 경우에는 상속인이 증여받은 주식등을 상속개시일 현재까지 피상속인이 보유한 것으로 보아 요건을 충족하는 것으로 본다. 이때 중소기업 가업에 해당 여부는 가업승계에 대한 증여세 과세특례 적용 요건에 따라 주식등을 증여받은 날이 포함되는 법인세 사업연도의 직전 3개 법인세 사업연도의 매출액 평균금액을 기준으로 판단한다.

상속인인 수증자는 상속개시일 현재 상속인 요건을 갖추고 있어야 하며, 가업승계에 대한 증여세 과세특례를 적용받아 증여받은 주식등을 처분하거나 지분율이 낮아지지 않고 유지된 상태로 가업에 종사하거나 대표이사로 재직하고 있어야 한다.

가업상속공제 후에는 가업상속공제 사후관리가 적용된다.

4 가업승계 시 증여세 납부유예

중소기업의 원활한 가업승계를 지원하기 위한 목적으로 2023년 1월 1일 이후 증여되는 분부터 가업승계 시 증여세 납부를 유예받을 수 있는 제도가 신설되었다. 이 제도는 수증자가 가업승계 요건을 충족하는 경우 증여 시점에서는 증여세 납부를 유예받아 증여세를 납부하지 않고 가업승계 후 가업을 영위하다가 증여받은 가업 주식등을 양도·상속·증여하는 시점에 납부를 유예받은 증여세를 납부하도록 한 제도다. 이 제도를 활용하면 중소기업 가업 주식등을 증여받은 수증자는 가업을 승계하는 시점에서 증여세를 납부하지 않게 됨으로써 납부했어야 할 증여세 상당액만큼 세부담을 줄일 수 있는 효과가 있어 증여에 대한 부담이 크게 줄어들게 된다.

다만, 가업승계에 대한 증여세 과세특례는 요건을 충족하는 중소기업과 중견기업이 모두 적용받을 수 있는 것과 달리 가업승계 시 증여세 납부유예는 증여일 현재 증여세 과세특례 요건을 충족하는 중소기업만이 적용받을 수 있다.

가업승계 시 증여세 납부유예 가능 세액

거주자가 가업승계를 목적으로 중소기업 가업의 주식등을 증여받은 경우에 한해 증여세 납부세액에 총 증여재산가액에서 가업자산상당액이 차지하는 비율을 곱해 계산된 세액에 대해 증여세 납부유예를 신청할 수 있다.

$$납부유예\ 가능세액 = 증여세\ 납부세액 \times \frac{가업자산상당액}{총\ 증여재산가액}$$

가업승계란 해당 가업의 주식 또는 출자지분을 증여받은 수증자 또는 그 배우자가 증여세 과세표준 신고기한까지 가업에 종사하고 증여일부터 3년 이내에 대표이사에 취임하는 경우를 말한다.

중소기업이란 「상속세 및 증여세법 시행령」 제15조 제1항에 따른 가업상속 요건을 모두 갖춘 중소기업을 말한다. 가업상속 중소기업 요건에 관한 자세한 내용은 앞에서 설명한 가업상속공제의 중소기업 요건 부분을 참조하면 된다.

가업자산상당액이란 「상속세 및 증여세법 시행령」 제15조 제5항 제2호에서 규정한 「법인세법」을 적용받는 가업에 해당하는 법인의 주식등의 가액 중 증여일 현재 사업무관자산가액을 제외한 자산가액이 차지하는 비율을 곱하여 계산한 금액을 말한다.

가업승계 시 증여세 납부유예는 수증자가 가업승계에 대한 증여세 과세특례를 적용받지 않는 대신 선택하는 제도이다. 따라서 수증자가 증여세 과세특례를 받았다면 증여세 납부유예를 적용받을 수 없다.

$$\text{가업자산 상당액} = \left\{ \text{증여재산 중 가업에 해당하는 법인의 주식등의 가액} \times \left(1 - \frac{\text{사업무관자산가액}}{\text{법인의 총자산가액}} \right) \right\}$$

수증자가 가업승계 시 증여세 납부유예를 허가받은 후 담보의 변경 또는 그 밖의 담보 보전에 필요한 관할세무서장의 명령에 따르지 않는 경우와 「국세징수법」 제9조 제1항 각 호의 어느 하나에 해당되어 납부유예된 세액 전액을 징수할 수 없다고 인정될 때에는 납세지 관할세무서장은 증여세 납부유예 허가를 취소하거나 변경하고, 납부유예된 세액 전부 또는 일부와 증여세 과세표준 신고기한 다음날부터 허가 취소 또는 변경사유 발생일까지 기간에 따라 계산한 이자상당액을 징수할 수 있다.

$$\text{이자상당액} = \text{징수할 납부유예 증여세액} \times \text{증여세 과세표준 신고기한 다음날부터 사유발생일까지 기간} \times \frac{\text{국세환급가산금 이자율}}{365\text{일}}$$

❑ 「국세징수법」제9조(납부기한 전 징수) 제1항
1. 국세, 지방세 또는 공과금 체납으로 강제징수 또는 체납처분이 시작된 경우
2. 강제집행 및 담보권 실행 등을 위한 경매가 시작되거나 파산선고 받은 경우
3. 어음 또는 수표가 어음교환소에서 거래정지처분을 받은 경우
4. 법인이 해산한 경우
5. 국세를 포탈하려는 행위가 있다고 인정되는 경우
6. 납세관리인을 정하지 아니하고 국내에 주소 또는 거소를 두지 아니하게 된 경우

가업승계 시 증여세 납부유예 요건

가업승계 시 증여세 납세유예를 받기 위해서는 신청 조건인 사전요건을 충족해야 한다. 가업승계 시 증여세에 대한 납부유예를 받은 후에는 일정기간 동안 또는 다른 상속인(수증자)에게 상속·증여할 때까지 사후관리 요건을 유지해야 한다. 이는 가업승계 시 증여세 납부유예가 중소기업이 원활한 가업승계를 통해 경영노하우를 유지하고 활용할 수 있도록 지원하기 위하여 가업승계에 대한 증여세 과세특례를 적용받는 대신에 선택하는 제도이므로 그 대상은 중소기업 가업 요건과 동일해야 하고 증여세 납부유예 혜택을 받은 중소기업이 지속적인 부가가치 창출로 경제성장에 기여하는 동시에 안정된 일자리를 유지·확대시키는 효과를 도모하도록 해야 하기 때문이다.

납부유예 사전 요건

가업승계 시 증여세 납부유예를 적용받기 위해서는 18세 이상인 거주자(수증자)가 증여일 현재 60세 이상인 부모가 10년 이상 계속하여 경영한 중소기업 가업의 승계를 목적으로 해당 가업의 주식등을 증여 받은 경우에 해당하여야 한다. 또한 가업승계에 대한 증여세 과세특례를 받지 않은 가업 주식등에 한해 가업승계 시 증여세 납부유예를 적용한다. 만약 수증자가 가업승계에 대한 증여세 과세특례 대신에 창업자금에 대한 증여세 과세특례를 받은 때에는 가업승계에 대한 증여세 과세특례를 받은 것으로 보아 증여세 납부유예를 적용받을 수 없다.

납부유예 사후 요건

가업승계 시 증여세 납부유예를 적용받은 수증자는 증여일로부터 5년 이내의 기간 또는 다른 상속인(수증자)에게 상속·증여할 때까지 정당한 사유 없이 사후 의무 요건을 이행하지 않으면 증여세 납부유예를 적용받은 세액 전부 또는 일부를 납부해야 한다. 사후관리 위반 사유가 발생하게 되면 사유 발생일이 속하는 달의 말일부터 3개월 이내에 위반 사실에 대해 납세지 관할 세무서장에게 신고하고 해당 증여세와 증여세과세표준 신고일의 다음날부터 사유발생일까지 기간에 따른 이자상당액을 납부해야 한다.

가업승계 시 증여세 납부유예를 적용받은 수증자가 지켜야 할 사후관리 요건에는 가업 종사요건, 지분 유지요건, 고용 유지요건이 있다.

가업 종사요건

가업승계 시 증여세 납부유예를 적용받은 수증자는 증여세과세표준 신고기한까지 임원으로 취임해야 하고, 증여일로부터 3년 이내에 대표이사로 취임하여야 한다. 대표이사로 취임 후부터 다른 상속인(수증자)에게 상속·증여할 때까지 가업에 종사해야 한다. 증여세 납부유예를 적용받은 수증자가 정당한 사유 없이 가업 종사 사후 요건을 충족하지 못하는 때에는 납부유예된 세액 전부와 증여세과세표준 신고일 다음날부터 사유발생일까지 기간에 따른 이자상당액을 함께 납부해야 한다.

가업에 종사하지 않는 것으로 보는 경우

수증자가 주식등을 증여받은 날부터 5년 이내의 기간 중에 대표이사로 종사하지 않은 경우에는 가업에 종사하지 않은 것으로 본다. '대표이사'로 종사하는 것으로 인정되기 위해서는 법인등기부등본에 등재되고 실제 대표이사 직무를 수행해야 한다.

또한, 해당 가업을 1년 이상 휴업하거나, 실적이 없거나, 폐업하는 경우에도 가업에 종사하지 않는 것으로 본다.

가업에 종사하지 않은 정당한 사유

증여세 납부유예를 적용받은 수증자가 증여일로부터 5년 이내의 기간 중에 대표이사로 종사하지 않은 경우에도 수증자가 증여받은 주식등을 국가 또는 지방자치단체에 증여하는 경우와 수증자가 법률에 따른 병역의무 이행, 질병 요양, 취학상 형편 등으로 가업에 직접 종사할 수 없는 사유가 있는 경우에는 가업에 종사하지 않은 정당한 사유로 본다. 다만, 법률에 따른 병역의무 이행, 질병 요양, 취학상 형편 등 사유에 해당하는 경우 그 부득이한 사유가 종료된 후 가업에 종사하지 않거나 증여받은 주식등을 처분하는 경우에는 정당한 사유로 보지 않고 증여세를 추징한다.

지분 유지요건

가업승계 시 증여세 납부유예를 적용받아 주식등을 증여받은 수증자는 증여받은 주식등의 지분을 유지하여야 한다. 증여세 납부유예를 적용받은 수증자가 증여일로부터 5년 이내에 정당한 사유 없이 지분유지 사후 요건을 충족하지 못했을 경우에는 납부유예된 세액 전부와 기간에 따른 이자상당액을 납부해야 한다.

증여세 납부유예를 적용받은 수증자가 상속개시일로부터 5년 후에 정당한 사유 없이 지분유지 사후요건을 충족하지 못했을 경우에는 납부유예된 세액 중 지분 감소 비율을 고려하여 계산한 세액과 증여세과세표준 신고일 다음날부터 사유발생일까지 기간에 따른 이자상당액을 납부해야 한다.

지분 감소 비율을 고려하여 계산한 세액 = 납부유예 받은 세액 × 감소한 지분율 (지분율 변동이 없는 경우 감자로 인해 감소한 보유주식 수) ÷ 증여일 현재 지분율 (지분율 변동이 없는 경우 증여일 현재 보유주식 수)

지분이 감소한 경우

수증자가 증여받은 주식등을 처분하는 경우에는 지분이 감소한 것으로 본다. 증여받은 주식등을 발행한 법인이 유상증자 등을 하는 과정에서 실권 등으로 수증자의 지분율이 낮아지는 경우도 지분이 감소한 것으로 본다. 수증자와 특수관계인이 주식등을 처분하거나 유상증자할 때 실권 등으로 지분율이 낮아져 수증자가 최대주주등에 해당되지 않게 된 때에도 지분이 감소한 것으로 본다. 또한, 해당 법인의 감자로 수증자의 보유주식 수가 감소한 경우도 지분이 감소한 것으로 본다.

지분이 감소한 정당한 사유

증여세 납부유예를 적용받아 주식등을 증여받은 수증자는 증여받은 주식등의 지분을 유지해야 한다. 하지만 증여받은 기업이 조직변경, 사업확장 등의 사유로 증여받은 지분이 감소하는 경우 등 몇 가지 사유는 지분이 감소하였더라도 최대주주등에 해당하는 경우에는 예외적으로 지분이 감소한 정당한 사유로 보아 증여세를 추징하지 않는다. 지분 감소의 정당한 사유로 보는 경우를 구체적으로 살펴보면 다음과 같다.

첫째, 합병·분할 등 조직변경에 따라 주식등을 처분하였으나 처분 후에도 수증자가 합병법인 또는 분할신설법인 등 조직변경에 따른 법인의 최대주주 등에 해당하는 경우에는 지분이 감소한 정당한 사유로 본다.

둘째, 「자본시장과 금융투자업에 관한 법률」 제390조 제1항에 따른 상장규정의 상장요건을 갖추기 위하여 지분을 감소시킨 경우는 지분이 감소한 정당한 사유로 본다.

셋째, 해당 법인의 시설투자, 사업규모 확장 등에 따른 유상증자를 할 때 수증자의 특수관계인이 아닌 제3자를 투자자로 유치하여 신주를 배정하기 위하여 실권함으로써 수증자의 지분율이 낮아졌으나, 제3자 배정 유상증자 후에도 수증자가 최대주주등에 해당하는 경우에는 지분이 감소한 정당한 사유로 본다.

넷째, 해당 법인의 채무가 출자전환됨에 따라 수증자의 지분율이 낮아졌으나 수증자가 최대주주등에 해당하는 경우에는 지분이 감소한 정당한 사유로 본다.

고용 유지요건

가업승계 시 증여세 납부유예를 적용받은 수증자는 증여일로부터 5년간 고용인원(정규직 근로자 수) 또는 총급여액의 전체 평균이 증여일이 속하는 사업연도의 직전 2개 사업연도의 정규직 근로자 수의 평균 또는 총급여액 평균의 70% 이상을 유지해야 한다. 수증자는 정규직 근로자 수 요건과 총급여액 요건 중 하나를 고용유지 사후요건으로 선택할 수 있다.

가업승계 시 증여세 납부유예를 적용받은 수증자가 증여일로부터 5년간 정당한 사유 없이 고용 유지 사후 요건을 모두 충족하지 못했을 때에는 납부유예된 세액 전부와 증여세과세표준 신고일 다음날부터 사유발생일까지 기간에 따른 이자상당액을 납부해야 한다.

고용유지 요건에서 규정하는 '정규직 근로자'란 「근로기준법」에 따라 계약을 체결한 근로자 중에서 근로계약기간이 1년 미만인 자, 1개월 간의 소정근로시간이 60시간 미만인 자, 근로소득원천징수 사실이 확인되지 않으면서 국민연금 부담금 또는 국민건강보험 직장가입 보험료 납부사실도 확인되지 않는 자를 제외한 근로자를 말한다.

고용유지 요건에서 규정하는 '총급여액'이란 고용유지 요건에서 규정하는 '정규직 근로자'에게 지급한 봉급·급료·보수·세비·임금·상여·수당과 이와 유사한 성질의 급여 및 법인의 주주총회·사원총회 또는 이에 준하는 의결기관의 결의에 따라 상여로 받는 소득의 합계액을 말한다. 총급여액을 계산할 때 해당 기업의 최대주주 또는 최대출자자 및 그와 4촌 이내의 혈족, 3촌 이내의 인척, 배우자(사실상 혼인관계에 있는 자 포함), 친생자로서 다른 사람에게 친양자 입양된 자 및 그 배우자와 직계비속인 근로자는 제외한다. 다만, 기준고용인원 산정기간에 친족관계에 해당되는 사람만 있을 경우에는 총급여액 산정에 포함한다.

가업 종사요건, 지분 유지요건, 고용 유지요건 이외 해당 수증자가 사망하여 상속이 개시되는 경우에도 납부유예된 세액 전부와 증여세과세표준 신고일 다음날부터 사유발생일까지 기간에 따른 이자상당액을 납부해야 한다.

가업승계 시 증여세 납부유예 신청, 허가, 재신청

증여세 납부유예 신청

　가업승계 시 증여세 납부유예를 신청하려는 자는 증여세 과세표준 신고기한까지 납부해야할 세액에 대한 납부유예신청서를 증여세 과세표 준 신고와 함께 납세지 관할세무서장에게 제출해야 한다.

　「국세기본법」 제45조에 따른 수정신고를 하는 경우에 납부유예를 신청하려면 납부해야할 세액에 대한 납부유예신청서를 수정신고서와 함께 제출해야 한다.

　「국세기본법」 제45조의3에 따른 기한 후 신고를 하는 경우에 납부유예를 신청하려면 납부해야할 세액에 대한 납부유예신청서를 기한 후 신고서와 함께 제출해야 한다.

　자진신고가 아닌 관할세무서로부터 과세표준과 세액 결정통지를 받은 경우에는 해당 납부고지서에 명시되어 있는 납부기한까지 납부해야할 세액에 대한 납부유예신청서를 제출해야 한다. 이때 수증자가 납부할 증여세를 연대해 납부할 의무가 있는 연대납세의무자가 과세표준과 세액 결정통지를 받은 경우에는 해당 납부고지서에 명시되어 있는 납부기한까지 납부해야할 세액에 대한 납부유예신청서를 제출해야 한다.

　즉, 증여세 납부유예는 납세의무자의 선택에 따라 신청을 한 경우에 한해 허가할 수 있게 규정되어 있다. 증여세 납부유예를 희망하는 경우 반드시 신고시기별 신청기한까지 가업 주식 명세서 및 가업승계 사실을 입증할 수 있는 서류를 첨부하여 관할세무서장에게 납부유예신청서를 제출해야만 한다.

■ 신고시기별 증여세 납부유예 신청기한

신고 시기	증여세 납부유예 신청기한
증여세 과세표준 신고기한 내 신고 시	증여세과세표준 신고기한
수정신고 시	수정신고를 하는 때
기한 후 신고 시	기한 후 신고를 하는 때
납부고지서 통지에 의한 신청 시	고지서 상 납부기한

증여세 납부유예 허가

증여세 납부유예신청서를 받은 세무서장은 납부유예 신청기한별 규정된 기간 내에 신청인에게 허가 여부에 대한 결정결과를 서면으로 통지해야 한다. 이 경우 해당 기간까지 허가 여부에 대한 서면을 발송하지 않은 때에는 허가를 한 것으로 본다.

납부고지서 통지에 의해 납부유예를 신청한 경우 납부고지서 상 납부기한을 경과하여 납부유예를 통지하여 그 납부유예세액을 징수할 때는 납부고지서에 따른 납부기한의 다음날부터 유예 허가여부 통지일까지의 기간은 납부지연 가산세를 부과하지 않는다. 예를 들어, 납부고지서를 통지받고 고지서 상 납부기한일에 납부유예를 신청했고 신청 접수 5일 후에 유예를 허가하지 않는 통지를 한 경우 납부기한 다음날부터 유예를 허가하지 않는 통지를 한 4일간은 납부기한이 지났음에도 불구하고 납부지연 가산세를 부과하지 않는다는 것이다.

■ 신고시기별 증여세 납부유예 결정·통지 기한

신청 구분	증여세 납부유예 허가 통지기한
증여세 과세표준 신고기한 내 신청한 경우	증여세 과세표준 신고기한부터 9월 이내
수정신고 시 신청한 경우	신고일이 속한 달의 말일부터 9개월 이내
기한 후 신고 시 신청한 경우	신고일이 속한 달의 말일부터 9개월 이내
납부고지서 통지에 의한 신청 시	납부기한 경과일부터 14일 이내
통지기한까지 허가여부 서면발송 안한 경우	허가를 한 것으로 봄

증여세 납부유예 재신청

 납부유예된 세액과 이자상당액을 납부하여야 하는 사유 중 지분이 감소한 경우에는 수증자의 지분이 감소한 사유가 가업승계를 위한 사전증여로 인한 것이고, 그 수증자의 감소한 지분을 증여받은 수증자가 「조세특례제한법」 제30조의6에 따른 가업승계에 대한 증여세 과세특례를 적용받거나, 같은 법 제30조의7에 따른 가업승계 시 증여세 납부유예 허가를 받은 경우 수증자가 납부해야할 납부유예된 세액과 이자상당액에 대해 다시 납부유예를 신청할 수 있다.

 납부유예된 세액과 이자상당액을 납부하여야 하는 사유 중 수증자가 사망한 경우에는 상속을 받은 상속인이 상속받은 가업에 대하여 「상속세 및 증여세법」 제18조의 제1항에 따른 가업상속공제를 받거나 같은 법 제72조의2 제1항에 따른 가업상속에 대한 상속세 납부유예 허가를 받은 경우 수증자가 납부해야할 납부유예된 세액과 이자상당액에 대해 다시 납부유예를 신청할 수 있다.

가업승계 시 증여세 납부유예 적용 관련 기타 사항

상속재산에 가산

가업승계 시 증여세 납부유예를 적용받은 가업승계 주식등은 상속세 납세의무를 적용할 때 상속재산에 가산하는 증여재산으로 본다. 또한, 증여자가 사망해 상속이 개시되는 경우 해당 주식등을 증여받은 날부터 상속개시일까지의 기간과 관계없이 상속세 과세가액에 가산해 상속세를 정산한다. 그러나 상속공제 한도액을 계산할 때 증여세 납부유예를 적용받은 주식등은 상속세 과세가액에 가산한 증여재산으로 보지 않는다. 따라서 가업승계 시 증여세 납부유예를 적용받은 가업승계 주식등의 가액은 상속공제 한도액을 계산할 때 상속세 과세가액에서 빼지 않고 전액 상속공제를 적용받을 수 있다.

증여세액공제

가업승계 시 증여세 납부유예를 적용받은 가업승계 주식등에 대한 증여세액은 상속세 산출세액에서 공제한다. 하지만 공제할 증여세액이 상속세 산출세액보다 많은 경우 그 차액에 상당하는 증여세액은 환급하지 않는다.

5 가업상속 상속세·증여세 연부연납

모든 세목은 일시에 납부하는 것이 원칙이다. 그러나 상속세 및 증여세 원인이 되는 재산은 부동산 등과 같이 즉시 현금화가 쉽지 않은 유형자산이 상당 비중을 차지하고 있기 때문에 많은 금액의 상속세나 증여세를 일시에 납부하기가 쉽지 않은 경우가 많다. 이런 경우에도 일시납부 원칙을 들어 세액 전액을 일시에 납부고지 한다면 납세의무자에게는 과중한 부담을 줄 수 있고, 경우에 따라서는 상속 또는 증여 재산을 처분하도록 강요하는 결과가 초래될 수도 있다.

연부연납 제도는 이와 같이 세금을 일시납부 해야 하는 납세의무자의 부담을 덜어주기 위해 국세수입을 저해하지 않는 수준에서 세금을 일정기간 동안 여러 번에 걸쳐 나누어 납부할 수 있도록 납부를 유예해 주는 편의를 제공하는 제도이다.

가업상속에 따른 상속세에 대해서는 원활한 가업승계를 지원하고 승계 후 초기의 세금 부담을 완화할 수 있도록 일반 상속 또는 증여 재산에 대한 연부연납기간 보다 더 긴 기간 동안 납부 유예 편의를 제공하고 있다.

연부연납 특례 제공 대상 범위는 가업상속에 따른 납세 부담을 경감하고 상속세 납부에 따른 단기적 현금 확보 부담을 완화하기 위하여 가업상속공제 요건을 충족하지 못하더라도 일정 요건에 따라 중소기업 및 중견기업을 상속하는 경우에는 상속재산에 대한 상속세 연부연납 특례가 가능하도록 확대하였다.

또한, 2023년 1월 1일 이후부터는 일정 요건을 갖추어 중소기업 또는 중견기업을 상속받은 경우 해당 상속재산의 비율에 관계없이 최대 20년의 연부연납을 허가받을 수 있게 되었다.

연부연납 요건

연부연납을 적용받기 위해서는 금액 요건, 신청 요건, 담보제공 요건을 충족해야 한다. 연부연납 특례를 적용받기 위해서는 가업상속공제 요건을 충족하거나, 요구되는 일정 요건을 충족해야 한다.

금액 요건

상속세 납부세액이나 증여세 납부세액이 2천만원을 초과해야 연부연납을 신청할 수 있고, 연부연납 납부금액은 매년 납부할 금액이 1천만원을 초과해야 한다.

신청 요건

연부연납을 신청하려는 자는 상속세(또는 증여세) 과세표준 신고기한까지 연부연납 신청서를 과세표준신고와 함께 납세지 관할세무서장에게 제출해야 한다.

「국세기본법」 제45조에 따른 수정신고를 하는 경우에 연부연납을 신청하려면 수정신고서와 함께 연부연납 신청서를 제출해야 한다.

「국세기본법」제45조의3에 따른 기한 후 신고를 하는 경우에 연부연납을 신청하려면 기한 후 신고서와 함께 연부연납 신청서를 제출해야 한다.

만약 자진신고가 아닌 관할세무서로부터 과세표준과 세액 결정통지를 받은 경우에는 납부고지서에 명시되어 있는 납부기한까지 연부연납 신청서를 제출해야 한다.

즉, 연부연납은 납세의무자의 선택에 따라 신청을 한 경우에 한해 허가할 수 있게 규정되어 있다. 연부연납을 희망하는 경우 반드시 신고시기별 신청기한까지 관할세무서장에게 신청서를 제출해야만 한다.

■ 신고시기별 연부연납 신청기한

신고 시기		연부연납 신청기한
신고기한 내 신고 시	상속세	상속세과세표준 신고기한
	증여세	증여세과세표준 신고기한
수정신고 시		수정신고를 하는 때
기한 후 신고 시		기한 후 신고를 하는 때
납세고지(납부통지)서에 의한 신청 시		고지(통지)서 상 납부기한
연부연납신청 시 특정 납세담보물 제공 시		연부연납 신청일

담보제공 요건

연부연납을 적용받기 위해 납세의무자는 연부연납 신청 세액에 상당하는 납세담보를 제공해야 한다. 이 경우 「국세징수법」 제18조 제1항 제1호부터 제4호까지 규정에 따른 납세담보를 제공하면서 연부연납 허가를 신청하는 경우 그 신청일에 연부연납을 허가한 것으로 본다. 연부연납을 허가받은 납세의무자는 매년 납부할 연부연납 금액에 연부연납 기간에 따른 이자상당액(가산금)을 가산하여 납부해야 한다.

❏ 「국세징수법」제18조(담보의 종류 등)
① 납세담보는 다음 각 호의 어느 하나에 해당하는 것이어야 한다.
　1. 금전
　2. 국채증권 등 유가증권
　3. 납세보증보험증권(보험기간이 대통령령으로 정하는 기간 이상인 것으로 한정한다.)
　4. 은행 등의 납세보증서

연부연납 특례 요건

가업상속에 따른 납세 부담 경감, 상속세 납부에 따른 단기적 현금확보 부담 완화 등을 통한 원활한 가업승계를 지원하기 위한 가업상속공제를 받은 상속인은 연부연납 특례를 적용받는다. 또, 가업상속공제 요건을 충족하지는 못하더라도 일정 요건에 따라 중소기업 또는 중견기업을 상속받은 경우에는 상속세 연부연납 대상 상속재산 기준 완화 및 납부기간을 연장해주는 특례를 적용해 준다.

'일정 요건에 따라 중소기업 또는 중견기업을 상속받은 경우'란 기업 요건, 피상속인 요건, 상속인 요건을 모두 갖춘 경우를 말한다.

먼저, 기업 요건으로는 (업종별)매출액 기준과 독립성 기준을 충족하는 중소기업 또는 중견기업을 상속받는 경우여야 한다. 가업상속공제를 적용받을 수 있는 업종은 제한되어 있는 반면, 연부연납 특례를 적용받을 수 있는 기업 요건에서는 업종을 제한하지 않는다.

피상속인 요건으로는 최대주주등 요건과 지분율 요건, 대표이사등 재직 요건이 있다. 피상속인은 본인과 그의 특수관계인이 보유한 주식등을 합하여 5년 이상 계속하여 최대주주등이어야 한다. 피상속인은 최대주주등으로 5년 이상 지분율 40%(상장기업 20%) 이상을 보유하여야 한다. 피상속인은 5년 이상 계속하여 경영하면서 일정 기간 이상을 대표이사등으로 재직할 것을 충족해야 한다. 피상속인의 대표이사등 재직 요건은 다음 중 어느 하나에 해당해야 한다.

> ❑ **연부연납 특례 대표이사등 재직요건**
> ① 전체 기업 영위기간 중 30% 이상의 기간을 대표이사등으로 재직
> ② 상속개시일로부터 소급하여 5년 중 3년 이상의 기간을 대표이사등을 재직
> ③ 상속인이 피상속인의 대표이사등의 직을 승계하여 승계한 날부터 상속개시일까지 계속 재직한 경우에 한해 피상속인이 5년 이상의 기간을 대표이사등으로 재직

상속인 요건으로는 상속인은 상속개시일 현재 18세 이상 이어야하고, 상속세과세표준 신고기한까지 임원으로 취임하고, 상속세 신고기한부터 2년 이내에 대표이사등으로 취임해야 한다. 이때 상속인의 배우자가 상속인 요건을 갖춘 경우에는 그 상속인이 요건을 갖춘 것으로 본다.

❏ 가업상속공제 적용 이외 기업의 연부연납 특례 적용 요건

구분	내용
기업 요건	(업종별)매출액 기준과 독립성 기준을 충족하는 중소기업 또는 중견기업
피상속인 요건	(경영기간) 5년 이상 계속하여 경영 (지분보유) 5년 이상 최대주주등으로 지분 40%(상장기업 20%) 이상 계속하여 보유 (대표이사등 재직) ①, ②, ③ 중 하나 충족 ① 기업영위기간 중 100분의 30 이상의 기간 ② 상속개시일부터 소급하여 5년 중 3년 이상의 기간 ③ 5년 이상의 기간(상속인이 피상속인의 대표이사등의 직을 승계하여 승계한 날부터 상속개시일까지 계속 재직한 경우에 한정)
상속인 요건	상속개시일 현재 18세 이상 상속세과세표준 신고기한까지 임원 취임 상속세 신고기한부터 2년 이내에 대표이사등으로 취임

연부연납 대상 상속재산

연부연납 대상 상속재산은 요건을 갖춘 상속인이 받거나 받을 상속재산가액을 말한다. 「소득세법」을 적용받는 개인기업과 「법인세법」을 적용받는 법인기업으로 구분해 다음과 같이 산정한다.

「소득세법」을 적용받는 기업

「소득세법」을 적용받는 개인기업에서 상속재산가액은 상속재산 중 기업활동에 직접 사용되는 토지, 건축물, 기계장치 등 사업용 자산의 가액에서 해당 자산에 담보된 채무액을 뺀 가액을 말한다. '기업활동에 직접 사용되는'이라는 의미는 개인기업이 토지 또는 건물을 재무상태표에 등재하여 보유하

고 있더라도 기업활동에 직접 사용하지 않고 임대를 준 경우 연부연납 대상 상속재산에 해당하지 않는다는 의미이다.

$$\text{「소득세법」을 적용받는 기업의 상속재산가액} = (\text{상속재산 중 기업활동에 직접사용되는 토지·건물·기계장치 등 사업용 자산가액}) - (\text{해당 자산에 담보된 채무액})$$

「법인세법」을 적용받는 기업

「법인세법」을 적용받는 법인기업에서 상속재산가액은 상속을 받거나 받을 법인의 주식등의 가액에 그 법인의 총자산가액 중 사업무관자산가액을 제외한 자산가액이 차지하는 비율을 곱하여 계산한 금액에 해당하는 것을 말한다.

'사업무관자산'은 「법인세법」을 적용받는 법인기업 상속재산가액 산정에 가장 큰 영향을 미치는 요인이다. 상속받거나 받을 법인의 주식등의 가액에 법인의 총자산가액에서 사업무관자산가액을 제외한 자산가액이 차지하는 비율을 곱하여 상속재산가액을 산정한다. 따라서 사업무관자산이 적을수록 상속재산가액은 많이 산정되고, 사업무관자산이 많을수록 상속재산가액은 적게 산정된다.

법인기업이 사업무관자산이 무엇인지에 대한 이해를 높이고 이를 최소화 되도록 설계하는 것은 연부연납 대상 세액을 높이는 하나의 방안으로 활용할 수 있다.

$$\text{「법인세법」을 적용받는 법인기업의 상속재산가액} = \left\{ \text{상속 받거나 받을 법인의 주식등의 가액} \times \left(1 - \frac{\text{사업무관자산가액}}{\text{법인의 총자산가액}}\right) \right\}$$

연부연납 허가

연부연납신청서를 받은 세무서장은 연부연납 신청기한별 규정된 기간 내에 신청인에게 허가 여부에 대한 결정 결과를 서면으로 통지해야 한다. 이 경우 해당 기간까지 허가 여부에 대한 서면을 발송하지 않으면 허가를 한 것으로 본다.

신청 구분		연부연납 허가 통지기한
신고기한 내 신청한 경우	상속세	상속세과세표준 신고기한부터 9월 이내
	증여세	증여세과세표준 신고기한부터 6월 이내
수정신고 시 신청한 경우	상속세	신고일이 속한 달의 말일부터 9개월 이내
	증여세	신고일이 속한 달의 말일부터 6개월 이내
기한 후 신고 시 신청한 경우	상속세	신고일이 속한 달의 말일부터 9개월 이내
	증여세	신고일이 속한 달의 말일부터 6개월 이내
납세고지(납부통지)서에 의한 신청 시		납부기한 경과일부터 14일 이내
연부연납신청 시 특정 납세담보물 제공		연부연납 신청일에 허가된 것으로 간주
통지기한까지 허가여부 서면발송 안 한 경우		허가를 한 것으로 봄

연부연납 기간

납세지 관할세무서장은 상속세 납부세액이나 증여세 납부세액이 2천만원을 초과하는 경우 연부연납 신청시기별 신청기한까지 납세의무자의 신청을 받아 연부연납을 허가할 수 있다. 연부연납 기간은 세목과 상속재산별 특례적용 여부에 따라 허용되는 기간이 달라지며, 각 회분(매년) 분할납부 세액이 1천만원을 초과하는 금액이 되도록 허용 기간 내에서 납세의무자가 신청한 기간으로 한다.

증여재산 증여세 연부연납 기간

증여세의 경우 연부연납 기간은 연부연납 허가일로부터 5년 이내의 기간에서 납세의무자가 신청한 기간으로 한다. 각 회에 분할납부할 세액은 1천만원을 초과하도록 연부연납 기간을 정해야 한다.

일반 상속재산 상속세 연부연납 기간

가업상속공제 또는 일정 요건을 충족하는 중소(중견)기업 상속이 아닌 일반재산만 있는 경우 연부연납 기간은 상속세 연부연납 허가일로부터 10년 이내의 기간에서 납세의무자가 신청한 기간으로 한다. 각 회에 분할납부할 세액은 1천만원을 초과하도록 연부연납 기간을 정해야 한다.

가업상속공제 대상 상속재산에 대한 연부연납 기간

　가업상속에 따라 가업상속공제를 받았거나 연부연납 특례 대상 기업을 상속받은 상속재산의 경우 연부연납 기간은 상속세 연부연납 허가일로부터 20년 또는 연부연납 허가 후 10년이 되는 날부터 10년(10년 거치 후 10년) 이내의 기간에서 납세의무자가 신청한 기간으로 한다. 각 회분에 분할납부할 세액은 1천만원을 초과하도록 연부연납 기간을 정해야 한다. 단, 거치기간은 1천만원 초과하는 세액을 납부해야 하는 연부연납 기간에서 제외한다.

　이때 납부해야할 총 상속세액에 가업상속공제 또는 기업상속재산에 따른 상속세와 일반재산에 따른 상속세가 함께 포함되어 있을 때는 총 상속재산가액에서 각 재산가액이 차지하는 비율만큼 납부해야할 상속세액을 구분하여 연부연납 기간을 달리 신청한다.

연부연납 납부할 세액

증여재산 및 일반상속 재산만 있는 경우

　납부기한과 연부연납 기간에 매년 납부할 금액은 연부연납 대상금액을 연부연납 기간에 1을 더한 값으로 나누어 계산한 금액으로 한다. 이 경우 연부연납 기간은 매년 납부할 금액이 1천만원을 초과하는 범위에서 증여세는 5년 이내 기간으로 허가를 신청하고, 일반상속 재산에 대한 상속세에 대한 연부연납 기간은 매년 납부할 금액이 1천만원을 초과하는 범위에서 10년 이내 기간으로 허가를 신청한다.

　연부연납 납부할 세액 계산 시 허가받은 연부연납 기간에 1을 더하는 이유는 허가를 신청하는 접수 시점에서 1회분에 해당하는 세액을 납부하여야 하기 때문이다. 즉, 연부연납 기간을 5년으로 허가 받은 경우 연부연납 횟수는 6회(5+1)가 되고, 10년으로 허가 받은 경우 연부연납 횟수는 11회(10+1)가 되는 것이다.

$$\text{연부연납 납부할 금액} = \text{연부연납 대상금액} \times \frac{1}{(\text{연부연납기간} + 1)}$$

가업상속재산 등이 포함된 경우

가업상속공제를 받았거나 일정 요건을 충족하는 중소기업 또는 중견기업을 상속받은 경우의 상속세는 가업상속재산에 해당하는 상속세액과 일반상속재산에 해당하는 상속세액으로 구분해 연부연납 납부할 금액을 계산한다.

이 경우 연부연납 기간은 매년 납부할 금액이 1천만원을 초과하는 범위에서 일반상속재산에 해당하는 상속세는 10년 이내 기간으로 허가를 신청하고, 가업상속재산에 해당하는 상속세는 20년 이내 기간 또는 10년 거치 10년 이내 기간으로 허가를 신청한다.

거치기간을 두는 연부연납 허가를 신청하는 경우에는 연부연납 허가를 신청하는 시점에서는 세액을 납부하지 않고 거치기간이 종료되는 날부터 매년 세액을 납부하게 된다.

❏ 일반상속재산에 해당하는 상속세 연부연납 세액 계산

$$\text{연부연납 납부할 금액} = \left\{ \text{상속세 납부세액} - \left(\text{상속세 납부세액} \times \frac{\text{기업상속재산가액} - \text{가업상속공제액}}{\text{총상속재산가액} - \text{가업상속공제액}} \right) \right\} \times \frac{1}{\text{연부연납기간}+1}$$

❏ 가업상속재산에 해당하는 상속세 연부연납 세액 계산

$$\text{연부연납 납부할 금액} = \left(\text{상속세 납부세액} \times \frac{\text{기업상속재산가액} - \text{가업상속공제액}}{\text{총상속재산가액} - \text{가업상속공제액}} \right) \times \frac{1}{\text{연부연납기간}+1}$$

연부연납 취소와 변경

연부연납을 허가받은 납세의무자가 납부기한 내에 세액을 납부하지 않은 등의 사유가 발생하게 된 경우에는 연부연납 허가를 취소 또는 변경하고, 그에 따라 연부연납과 관계되는 세액의 전부 또는 일부를 징수할 수 있다. 납세지 관할세무서장은 연부연납의 허가를 취소한 때에는 납세의무자에게 그 취소 사실을 알려야 한다. 연부연납 허가를 취소 또는 변경하는 구체적 사유는 다음과 같다.

첫째, 연부연납으로 세액을 납부하던 중 세액을 지정된 납부기한까지 납부하지 않으면 연부연납 허가를 취소하고 연부연납에 관계되는 세액 전액을 일시에 징수한다. 납세담보 제공으로 연부연납 신청일에 연부연납을 허가받은 것으로 보는 경우에는 연부연납 세액의 납부예정일까지 납부하지 않으면 연부연납 허가를 취소한다.

둘째, 담보의 변경 또는 그 밖에 담보 보전에 필요한 관할세무서장의 명령에 따르지 않으면 연부연납 허가를 취소하고 연부연납에 관계되는 세액 전액을 일시에 징수한다.

셋째, 국세·지방세 또는 공과금 체납으로 강제징수나 체납처분이 시작되거나, 「민사집행법」에 따른 강제집행 및 담보권 실행 등을 위한 경매가 시작되거나, 「채무자 회생 및 파산에 관한 법률」에 따른 파산선고를 받거나, 어음이 거래정지처분을 받거나, 법인의 해산, 국세 포탈 행위가 있다고 인정되는 경우 등에 해당되어 연부연납 기한까지 그 연부연납과 관계되는 세액 전액을 징수할 수 없다고 인정될 때는 연부연납 허가를 취소하고 연부연납에 관계되는 세액 전액을 일시에 징수한다.

넷째, 가업상속공제를 적용받았거나, 일정 요건에 따라 중소기업 또는 중견기업을 상속받은 상속인이 사업을 폐업하거나, 해당 상속인이 정당한 사유 없이 그 사업에 종사하지 않게 된 것으로 인정되는 때에는 연부연납을 변경한다.

가업상속공제를 적용받았거나, 일정 요건에 따른 중소기업 또는 중견기업 상속에 의한 상속재산을 40% 이상 처분하거나, 상속인(상속인의 배우자 포함)이 대표이사등으로 종사하지 않거나, 해당 사업을 1년 이상 휴업(무실적 포함) 또는 폐업하거나, 상속인이 최대주주등에 해당되지 않게 될 때는 정당한 사유 없이 사업에 종사하지 않게 된 것으로 본다.

이때 연부연납 허가일로부터 10년 이내에 사업에 종사하지 않게 된 때에는 허가일로부터 10년에 미달하는 잔여기간에 한해 연부연납을 변경하여 허가한다. 이 경우 연부연납 금액은 일반상속재산에 대한 연부연납 금액으로 계산한다. 이는 '가업상속 또는 일정 요건에 따른 중소(중견)기업 상속의 취소 사유'에 해당되면 연부연납 특례는 취소하지만 일반적인 10년 연부연납은 허용한다는 것이다.

납세의무자가 공동으로 연부연납을 신청하여 허가를 받았으나 납세의무자 중 일부가 지정된 납부기한까지 세액을 납부하지 않은 경우에는 연부연납 허가를 취소하고 체납한 납세의무자의 연부연납에 관계되는 세액을 일시에 징수한다. 납세지 관할세무서장은 체납한 납세의무자가 제공한 납세담보로 우선 징수하며, 납세의무자가 공동으로 납세담보를 제공한 경우에는 체납한 납세의무자의 담보에 해당하는 부분으로 우선 징수한다.

체납한 납세의무자를 제외한 나머지 납세의무자에 대해서는 연부연납 잔여기간에 한해 연부연납을 변경하여 허가한다.

연부연납 가산금

연부연납을 허가받은 납세의무자는 각 회분의 분할납부세액에 연부연납 이자율로 계산한 가산금을 가산하여 납부하여야 한다. 첫 회 분할납부 세액에 대한 가산금은 총 연부연납 세액에 신고(납부)기한 다음날부터 분할납부 세액 납부기한까지 일수에 이자율을 곱하여 계산한다. 2회분 이후 세액에 대한 가산금은 총 연부연납 세액에서 직전회까지 납부한 분할납부 합산금액을 뺀 잔액에 직전회 납부기한 다음날부터 해당 분할납부기한까지의 일수에 이자율을 곱하여 계산한다.

가산금 대상 기간 중 이자율이 변동된 경우에는 직전 납부기한의 다음날부터 이자율이 변경된 날의 전일까지의 기간에 대해서는 변경 전의 이자율을 적용한다. 가산금 대상 기간 중 이자율이 2회 이상 변동된 경우에는 직전 이자율 변경일부터 해당 이자율 변경일 전일까지의 기간에 대해서는 직전 변경일의 이자율을 적용하는 방식을 순차적으로 적용한다.

CHAPTER 3
기타 중소기업에 대한 지원제도

1 영농상속공제

영농상속공제 대상

영농상속공제를 적용하는 대상은 영농상속재산가액이다. '영농상속재산가액'이란 영농상속 요건을 모두 갖춘 상속인이 받거나 받을 상속재산가액을 말하는 것으로 「소득세법」을 적용받는 영농과 「법인세법」을 적용받는 영농으로 구분해 다음과 같이 산정한다.

「소득세법」을 적용받는 영농

「소득세법」을 적용받는 영농에서 영농상속재산가액은 피상속인이 상속개시일 10년 전부터 영농에 사용하던 자산의 가액을 말한다. 영농 자산에는 「농지법」에 따른 농지, 「초지법」에 따른 초지조성허가를 받은 초지, 「산지관리법」에 따른 보전산지 중 새로 조림한 기간이 5년 이상인 산림지, 「어선법」에 따른 어선, 「수산업법」에 따른 어업권, 「양식산업발전법」에 따른 양식업권, 농·임·축산업 또는 어업용으로 설치하는 창고·저장고·작업장·퇴비사·축사·양어장 및 이와 유사한 용도의 「부동산등기법」에 따라 등기한 건축물과 이에 딸린 토지, 「소금산업진흥법」에 따른 염전이 있다.

「법인세법」을 적용받는 영농

「법인세법」을 적용받는 영농에서 영농상속재산가액은 상속재산 중 법인의 주식등의 가액에 그 법인의 총자산가액 중 사업무관자산가액을 제외한 자산가액이 차지하는 비율을 곱하여 계산한 금액에 해당하는 것을 말한다.

$$\text{「법인세법」을 적용받는 영농의 영농상속재산가액} = \left\{ \text{상속재산 중 법인의 주식등의 가액} \times \left(1 - \frac{\text{사업무관자산가액}}{\text{법인의 총자산가액}} \right) \right\}$$

법인 주식 가액을 산출하기 위한 주식등 평가, 사업무관자산의 범위 등은 가업상속공제 해당 부분을 참조하면 된다.

영농상속공제액

거주자의 사망으로 상속이 개시되는 경우 영농(양축, 영어, 영림을 포함)의 상속에 해당하는 때에는 영농상속 재산가액에 상당하는 금액을 상속세 과세가액에서 공제한다. 공제한도는 30억원을 한도로 공제한다.

영농상속공제 요건

영농상속공제를 받기 위해서는 신청 조건인 사전요건을 충족해야 한다. 영농상속공제를 받은 후에는 일정 기간 사후 관리 요건을 유지해야 한다. 피상속인과 상속인은 직접 영농에 종사해야 하는데, 영농 업종별로 다음과 같은 경우를 직접 영농에 종사하는 것으로 본다.

❑ 영농 업종별 직접 영농에 종사하는 것으로 보는 경우

업 종	영농에 종사하는 것으로 보는 경우
농업	- 소유 농지 등 자산을 이용하여 농작물의 경작 또는 다년생 식물의 재배에 상시 종사 - 농작업의 2분의 1 이상을 자기의 노동력으로 수행
축산업	- 소유 초지 등 자산을 이용하여 가축의 사육에 상시 종사 - 축산작업의 2분의 1 이상을 자기의 노동력으로 수행
어업	- 소유 어선 및 어업권·양식업권 등 자산을 이용하여 허가를 받아 어업에 상시 종사 - 어업작업의 2분의 1 이상을 자기의 노동력으로 수행
임업	- 소유 산림지 등 자산을 이용하여 산림경영계획 인가 또는 특수산림지구 사업에 따라 산림조성에 상시 종사 - 산림조성작업의 2분의 1 이상을 자기의 노동력으로 수행

다만, 해당 피상속인 또는 상속인이 영농에서 발생하는 소득, 농가부업소득, 부동산임대업에서 발생하는 소득을 제외한 사업소득금액과 근로소득에 따른 총급여액의 합계액이 3천700만원 이상인 과세기간이 있는 경우 해당 과세기간에는 피상속인 또는 상속인이 영농에 종사하지 않은 것으로 봄에 유의해야 한다.

영농상속공제 사전 요건

영농상속공제를 적용받기 위해서는 상속개시일 현재 업종 요건, 피상속인 요건, 상속인 요건을 모두 충족하여야 한다.

업종 요건

영농상속공제를 적용받기 위한 영농은 한국표준산업분류에 따른 농업, 임업 및 어업을 주된 업종으로 영위하는 것을 말한다.

피상속인 요건

영농상속은 피상속인이 다음 요건을 모두 갖춘 경우에만 적용한다.

「소득세법」을 적용받는 영농

첫째, 피상속인은 상속개시일 10년 전부터 계속하여 직접 영농에 종사하여야 한다. 다만, 상속개시일 10년 전부터 직접 영농에 종사한 경우로서 상속개시일부터 소급하여 10년에 해당하는 날부터 상속개시일까지의 기간 중 질병의 요양으로 직접 영농에 종사하지 못한 기간 및 법률에 따른 협의 매수 또는 수용으로 인하여 직접 영농에 종사하지 못한 기간은 직접 영농에 종사한 기간으로 본다.

둘째, 농지·초지·산림지가 소재하는 시·군·구, 그와 연접한 시·군·구 또는 해당 농지등으로부터 직선거리 30킬로미터 이내에 거주하거나, 어선의 선적지 또는 어장에 가장 가까운 연안의 시·군·구, 그와 연접한 시·군·구 또는 해당 선적지나 연안으로부터 직선거리 30킬로미터 이내에 거주해야 한다.

「법인세법」을 적용받는 영농

첫째, 상속개시일 10년 전부터 계속하여 해당 기업을 경영하여야 한다. 이때 상속개시일 10년 전부터 해당 기업을 경영한 경우로서 상속개시일부터 소급하여 10년에 해당하는 날부터 상속개시일까지의 기간 중 질병의 요양으로 경영하지 못한 기간은 해당 기업을 경영한 것으로 본다.

둘째, 법인의 최대주주등으로서 본인과 그 특수관계인의 주식등을 합해 해당 법인 발행주식총수의 100분의 50 이상을 계속하여 보유해야 한다.

상속인 요건

영농상속은 상속인이 다음의 요건을 모두 갖춘 경우에만 적용한다.

「소득세법」을 적용받는 영농

첫째, 상속인은 상속개시일 2년 전부터 계속하여 직접 영농에 종사하여야 한다. 상속개시일 2년 전부터 직접 영농에 종사한 경우로서 상속개시일부터 소급하여 2년에 해당하는 날부터 상속개시일까지의 기간 중 병역의무의 이행, 질병의 요양, 취학상 형편 등으로 직접 영농에 종사하지 못한 기간 및 수용등으로 인하여 직접 영농에 종사하지 못한 기간은 1년 이내의 기간에 한해 직접 영농에 종사한 기간으로 본다. 다만, 피상속인이 65세 이전에 사망하거나 천재지변 및 인재 등 부득이한 사유로 사망한 경우에는 상속인이 상속개시일 2년 전부터 계속하여 직접 영농에 종사하지 않아도 영농상속을 적용받을 수 있다.

둘째, 농지·초지·산림지가 소재하는 시·군·구, 그와 연접한 시·군·구 또는 해당 농지등으로부터 직선거리 30킬로미터 이내에 거주하거나 어선의 선적지 또는 어장에 가장 가까운 연안의 시·군·구, 그와 연접한 시·군·구 또는 해당 선적지나 연안으로부터 직선거리 30킬로미터 이내에 거주해야 한다.

「법인세법」을 적용받는 영농

첫째, 상속개시일 2년 전부터 계속하여 해당 기업에 종사하여야 한다. 상속개시일 2년 전부터 해당 기업에 종사한 경우로서 상속개시일부터 소급하여 2년에 해당하는 날부터 상속개시일까지의 기간 중 병역의무의 이행, 질병의 요양, 취학상 형편 등으로 기업에 종사하지 못한 기간은 해당 기업에 종사한 것으로 본다. 다만, 피상속인이 65세 이전에 사망하거나 천재지변 및 인재 등 부득이한 사유로 사망한 경우에는 상속인이 상속개시일 2년 전부터 계속하여 해당 기업에 종사하지 않아도 영농상속을 적용받을 수 있다.

둘째, 상속세 과세표준 신고기한까지 임원으로 취임하고, 상속세 신고기한부터 2년 이내에 대표이사등으로 취임해야 한다.

영농상속공제 사후 요건

영농상속공제를 적용받은 상속인은 상속개시일부터 5년 이내의 기간 동안 정당한 사유 없이 영농상속재산 유지요건, 영농 종사요건 등 사후 의무요건을 이행하지 않으면 영농상속공제를 적용받아 공제된 세액 전부를 상속개시 당시 상속세과세가액에 산입하여 상속세를 재계산하고 납부해야 한다. 사후관리 위반 사유가 발생하게 되면 사유발생일이 속하는 달의 말일부터 6개월 이내에 위반 사실에 대해 납세지 관할세무서장에게 신고하고 해당 상속세와 이자상당액을 납부해야 한다. 이때 가산하는 이자상당액은 다음과 같이 계산한다.

$$\text{이자상당액} = \text{재계산한 상속세 금액} \times \text{상속세 과세표준 신고기한 다음날부터 사유발생일까지 기간} \times \frac{\text{상속세 부과당시 이자율}}{365일}$$

영농상속재산 유지 요건

영농상속공제를 적용받은 상속인은 상속개시일로부터 5년 이내에 영농상속공제 대상인 영농상속재산을 처분하지 않아야 한다. 상속인이 정당한 사유 없이 영농상속재산 유지 사후 요건을 충족하지 못하는 때에는 공제받은 세액을 상속개시 당시의 상속세과세가액에 산입하여 재계산한 상속세와 기간에 따른 이자상당액을 납부해야 한다.

'영농상속재산'은 「소득세법」을 적용받는 영농과 「법인세법」을 적용받는 영농의 유형에 따라 다음과 같이 규정하고 있다.

영농 유형	영농상속재산
「소득세법」을 적용받는 영농	- 농지, 초지, 새로 조림한 기간이 5년 이상인 산림지 - 어선, 어업권, 양식업권 - 농·임·축산업 또는 어업용으로 설치하는 창고·저장고·작업장·퇴비사·축사·양어장 및 이와 유사한 용도의 「부동산등기법」에 따라 등기한 건축물과 이에 딸린 토지 - 염전
「법인세법」을 적용받는 영농	상속재산 중 영농법인의 주식등의 가액

영농종사 요건

영농상속공제를 적용받은 상속인은 상속개시일로부터 5년 이상 영농에 종사하여야 한다. 영농상속공제를 적용받은 상속인이 상속개시일로부터 5년 이내에 정당한 사유 없이 영농종사 사후 요건을 충족하지 못하는 때에는 공제받은 금액을 상속개시 당시의 상속세과세가액에 산입하여 재계산한 상속세와 기간에 따른 이자상당액을 납부해야 한다.

다만, 영농상속공제를 적용받은 상속인이 상속개시일로부터 5년 이내에 영농종사 요건을 충족하지 못하더라도 다음과 같은 경우는 정당한 사유로 보아 상속세를 추징하지 않는다.

첫째, 영농상속 받은 상속인이 사망한 경우, 둘째, 영농상속 받은 상속인이 「해외이주법」에 따라 해외로 이주하는 경우, 셋째, 영농상속 받은 재산이 법률에 따라 수용되거나 협의 매수된 경우, 넷째, 영농상속 받은 재산을 국가 또는 지방자치단체에 양도하거나 증여하는 경우, 다섯째, 영농상 필요에 따라 농지를 교환·분합 또는 대토하는 경우, 여섯째, 상속인이 상속받은 주식등을 물납하거나 합병·분할 등 조직변경 사유로 주식등을 처분하였으나,

처분한 후에도 상속인이 최대주주등에 해당하는 경우, 일곱째, 상속인이 법률에 따른 병역의무 이행, 질병 요양, 취학상 형편 등으로 영농에 직접 종사할 수 없는 사유가 있는 경우는 정당한 사유로 본다. 다만, 일곱번째 사유에 해당하는 경우는 그 부득이한 사유가 종료된 후 영농에 종사하지 않거나 영농상속 받은 재산을 처분하는 때에는 정당한 사유로 보지 않는다.

2 창업자금에 대한 증여세 과세특례

창업자금에 대한 증여세 과세특례는 창업 활성화를 통해 투자와 고용을 창출하고 경제활력을 도모하기 위한 목적으로 2006년 1월 1일 도입된 제도이다. 이 제도는 60세 이상인 부모가 18세 이상인 자녀에게 현금 등을 창업자금으로 증여하는 경우 증여세과세가액 50억원(10명 이상 신규고용한 경우 100억원)을 한도로 5억원을 공제한 후 10% 세율을 적용하여 증여세를 부과한다. 증여 후 상속이 개시될 때 일반 증여는 상속개시일 전 10년 이내에 증여받은 재산가액에 한해 상속재산가액에 합산되는 반면 창업자금에 대한 증여세 과세특례를 적용받은 증여재산은 증여기간에 관계없이 상속이 개시될 때 상속재산가액에 합산된다. 다만, 상속이 개시되는 경우 상속개시일 현재의 시가로 평가된 가액이 아닌 당초 증여받은 증여재산가액으로 상속재산가액에 합산된다. 창업자금에 대한 증여세 과세특례를 적용받으려면 증여세과세표준신고와 함께 창업자금 특례신청서 및 사용내역서를 납세지 관할세무서장에게 제출하여야 한다.

창업자금에 대한 증여세 과세특례 적용

적용 대상

창업자금에 대한 증여세 과세특례는 「조세특례제한법」 제6조 제3항에 따른 중소기업을 창업할 목적으로 18세 이상인 자녀가 60세 이상인 부모로부터 증여받은 재산의 가액 중 창업자금을 대상으로 한다. 창업자금이란 창업에 직접 사용되는 토지 등 감가상각 대상이 되는 유·무형 사업용자산을 취득하기 위한 자금과 사업장의 임차보증금·임차료 지급액을 말한다.

이때 토지, 건물 등 양도소득세 과세대상 자산에 대한 직접 증여는 창업자금 과세특례를 적용받을 수 없다. 양도소득세 과세대상 자산 증여에 과세특례를 적용하게 되면 증여자가 증여일까지 발생한 양도소득세를 회피할 수 있는 수단으로 활용될 수 있기 때문이다.

> ❏ 부동산을 현금화하여 증여 vs 부동산으로 증여 시 증여가능 금액 예
> - 가정 : 부동산 시가 50억원, 양도 시 양도소득세 15억원
> ① 부동산을 현금화하여 증여 시 : 양도소득세 15억원 납부 후 증여 가능
>   ➡ 증여가능 금액 : 32억원
>   (50억원-양도세 15억원-특례적용 증여세 3억원)
> ② 부동산으로 증여 시 : 50억원 전액 증여 가능
>   ➡ 증여가능 금액 : 45억5천만원
>   (50억원-양도세 0원-특례적용 증여세 4억5천만원)
> 부동산으로 증여 시 양도소득세 부담분만큼 조세회피 가능

❑ **창업자금 증여세 과세특례 적용에서 제외되는 재산**
  - 「소득세법」제94조(양도소득의 범위) 제1항에 해당하는 재산

① 양도소득은 해당 과세기간에 발생한 다음 각 호의 소득으로 한다.
  1. 토지[지적공부에 등록하여야 할 지목에 해당하는 것] 또는 건물(건물에 부속된 시설물과 구축물을 포함)의 양도로 발생하는 소득
  2. 다음 각 목의 어느 하나에 해당하는 부동산에 관한 권리의 양도로 발생하는 소득
     가. 부동산을 취득할 수 있는 권리(건물이 완성되는 때에 그 건물과 이에 딸린 토지를 취득할 수 있는 권리를 포함)
     나. 지상권
     다. 전세권과 등기된 부동산임차권
  3. 다음 각 목의 어느 하나에 해당하는 주식등의 양도로 발생하는 소득
     가. 주권상장법인의 주식등으로서 다음의 어느 하나에 해당하는 주식등
        1) 소유주식의 비율·시가총액 등을 고려하여 대통령령으로 정하는 주권상장법인의 대주주가 양도하는 주식등
        2) 1)에 따른 대주주에 해당하지 아니하는 자가 증권시장에서의 거래에 의하지 아니하고 양도하는 주식등. 다만, 주식의 포괄적 교환·이전 또는 주식의 포괄적 교환·이전에 대한 주식매수청구권 행사로 양도하는 주식등은 제외한다.
     나. 주권비상장법인의 주식등. 다만, 소유주식의 비율·시가총액 등을 고려하여 주권비상장법인의 대주주에 해당하지 아니하는 자가 한국금융투자협회가 행하는 장외매매거래에 의하여 양도하는 중소기업 및 대통령령으로 정하는 중견기업의 주식등은 제외한다.
     다. 외국법인이 발행하였거나 외국에 있는 시장에 상장된 주식등
  4. 다음 각 목의 어느 하나에 해당하는 자산의 양도로 발생하는 소득
     가. 사업에 사용하는 제1호 및 제2호의 자산과 함께 양도하는 영업권(영업권을 별도로 평가하지 아니하였으나 사회통념상 자산에 포함되어 함께 양도된 것으로 인정되는 영업권과 행정관청으로부터 인가·허가·면허 등을 받음으로써 얻는 경제적 이익을 포함)
     나. 이용권·회원권, 그 밖에 그 명칭과 관계없이 시설물을 배타적으로 이용하거나 일반이용자보다 유리한 조건으로 이용할 수 있도록 약정한 단체의

구성원이 된 자에게 부여되는 시설물 이용권(법인의 주식등을 소유하는 것만으로 시설물을 배타적으로 이용하거나 일반이용자보다 유리한 조건으로 시설물 이용권을 부여받게 되는 경우 그 주식등을 포함)
다. 법인의 자산총액 중 다음의 합계액이 차지하는 비율이 100분의 50 이상인 법인의 과점주주가 그 법인의 주식등의 100분의 50 이상을 해당 과점주주 외의 자에게 양도하는 경우(과점주주가 다른 과점주주에게 양도한 후 양수한 과점주주가 과점주주 외의 자에게 다시 양도하는 경우를 포함)에 해당 주식등
  1) 제1호 및 제2호에 따른 자산의 가액
  2) 해당 법인이 직접 또는 간접으로 보유한 다른 법인의 주식가액에 그 다른 법인의 부동산등 보유비율을 곱하여 산출한 가액. 이 경우 다른 법인의 범위 및 부동산등 보유비율의 계산방법 등은 대통령령으로 정한다.
라. 대통령령으로 정하는 사업을 하는 법인으로서 자산총액 중 다목1) 및 2)의 합계액이 차지하는 비율이 100분의 80 이상인 법인의 주식등
마. 제1호의 자산과 함께 양도하는 이축을 할 수 있는 권리. 다만, 해당 이축권 가액을 별도로 평가하여 신고하는 경우는 제외한다.
5. 파생상품등의 거래 또는 행위로 발생하는 소득(제16조제1항제13호 및 제17조제1항제10호에 따른 파생상품의 거래 또는 행위로부터의 이익은 제외)
6. 신탁의 이익을 받을 권리(수익증권 및 투자신탁의 수익권 등은 제외)의 양도로 발생하는 소득. 다만, 신탁 수익권의 양도를 통하여 신탁재산에 대한 지배·통제권이 사실상 이전되는 경우는 신탁재산 자체의 양도로 본다.

창업자금에 대한 증여세 과세특례 적용 내용

과세특례 증여세 과세가액 한도

창업자금에 대한 증여세 과세특례는 중소기업 창업을 목적으로 증여받은 재산의 가액 중에서 창업에 직접 사용되는 창업자금에 대해 창업을 통한 신규 고용인력 10명을 기준으로 10명 미만을 신규 고용한 경우에는 증여세 과세가액 50억원을 한도로 하고, 10명 이상을 신규 고용한 경우에는 증여세 과세가액 100억원을 한도로 한다. 창업자금을 2회 이상 증여받거나 부모로부터 각각 증여받은 경우에는 각각의 증여세 과세가액을 합산하여 적용한다.

증여세 과세특례 과세표준 및 세율

창업자금 증여세 과세특례 적용 시 증여세 과세가액 한도 50억원에서 5억원을 공제하고 10%의 특례세율을 적용하여 증여세를 부과한다. 창업으로 인해 신규 고용하는 인원이 10명 이상인 경우에는 증여세 과세가액 한도 100억원에서 5억원을 공제하고 10%의 특례세율을 적용하여 증여세를 부과한다.

창업자금에 대한 증여세 과세특례 적용 요건

창업자금 증여세 과세특례를 적용받기 위해서는 증여일 현재 증여자 요건, 수증자 요건, 창업 요건을 모두 충족하여야 한다.

증여자 요건

창업자금 증여세 과세특례를 적용받기 위해서는 증여자가 60세 이상의 부모여야 한다. 만약 증여 당시 아버지나 어머니가 사망한 경우에는 그 사망한 아버지나 어머니의 부모도 증여자 요건을 충족하는 것으로 본다.

수증자 요건

창업자금 증여세 과세특례를 적용받고자 하는 수증자는 창업할 목적으로 창업자금을 증여받는 18세 이상의 거주자여야 한다.

창업 요건

창업의 범위

창업자금을 증여받은 18세 이상인 자녀는 창업자금을 증여받은 날부터 2년 이내에 창업 하여야 한다. 여기에서 창업이란 「소득세법」을 적용받는 개인기업인 경우에는 사업장 소재지 관할세무서장에게 사업자등록을 하고 고유번호를 부여받은 것을 말한다. 「법인세법」을 적용받는 법인기업인 경우에는 납세지 관할세무서장에게 사업자등록을 한 것을 말한다.

창업자금 증여세 과세특례 적용 대상 창업에는 신규창업이 아닌 기존 사업을 확장하는 경우로서 사업용 자산을 취득하거나 확장한 사업장의 임차보증금 및 임차료를 지급하는 경우도 창업으로 본다.

또한, 합병·분할·현물출자 또는 사업의 양수를 통해 종전의 사업을 승계하여 같은 종류의 사업을 하는 경우로서 종전의 사업에 사용되던 자산을 인수 또는 매입하여 같은 종류의 사업을 할 때 인수 또는 매입한 자산가액의 합계액이 사업개시일이 속하는 과세연도의 종료일 또는 그 다음 과세연도의 종료일 현재 창업에 직접 사용되는 사업용자산의 총 가액에서 차지하는 비율이 100분의 30 이하인 경우도 창업으로 본다.

창업 업종은 「조세특례제한법」 제6조 제3항에 따른 창업중소기업과 창업벤처중소기업 업종에 해당해야 한다.

> ❏ 창업자금 증여세 과세특례 제도에서 창업으로 인정하는 업종
> - 「조제특례제한법」제6조(창업중소기업 등에 대한 세액감면) 제3항
>
> ③ 창업중소기업과 창업벤처중소기업의 범위는 다음 각 호의 업종을 경영하는 중소기업으로 한다.
> 1. 광업
> 2. 제조업(제조업과 유사한 사업으로서 대통령령으로 정하는 사업을 포함한다.)
> 3. 수도, 하수 및 폐기물 처리, 원료 재생업
> 4. 건설업
> 5. 통신판매업
> 6. 대통령령으로 정하는 물류산업(이하 "물류산업"이라 한다)

7. 음식점업
8. 정보통신업. 다만, 다음 각 목의 어느 하나에 해당하는 업종은 제외한다.
   가. 비디오물 감상실 운영업
   나. 뉴스제공업
   다. 블록체인 기반 암호화자산 매매 및 중개업
9. 금융 및 보험업 중 대통령으로 정하는 정보통신을 활용하여 금융서비스를 제공하는 업종
10. 전문, 과학 및 기술 서비스업[대통령령으로 정하는 엔지니어링사업(이하 "엔지니어링사업"이라 한다)을 포함한다]. 다만, 다음 각 목의 어느 하나에 해당하는 업종은 제외한다.
    가. 변호사업
    나. 변리사업
    다. 법무사업
    라. 공인회계사업
    마. 세무사업
    바. 수의업
    사. 「행정사법」 제14조에 따라 설치된 사무소를 운영하는 사업
    아. 「건축사법」 제23조에 따라 신고된 건축사사무소를 운영하는 사업
11. 사업시설 관리, 사업 지원 및 임대 서비스업 중 다음 각 목의 어느 하나에 해당하는 업종
    가. 사업시설 관리 및 조경 서비스업
    나. 사업지원 서비스업(고용 알선업 및 인력 공급업은 농업노동자 공급업을 포함)
12. 사회복지 서비스업
13. 예술, 스포츠 및 여가관련 서비스업. 다만, 다음 각 목의 어느 하나에 해당하는 업종은 제외한다.
    가. 자영예술가
    나. 오락장 운영업
    다. 수상오락 서비스업
    라. 사행시설 관리 및 운영업
    마. 그 외 기타 오락관련 서비스업

14. 협회 및 단체, 수리 및 기타 개인 서비스업 중 다음 각 목의 어느 하나에 해당하는 업종
    가. 개인 및 소비용품 수리업
    나. 이용 및 미용업
15. 「학원의 설립·운영 및 과외교습에 관한 법률」에 따른 직업기술 분야를 교습하는 학원을 운영하는 사업 또는 「국민 평생 직업능력 개발법」에 따른 직업능력개발훈련시설을 운영하는 사업(직업능력개발훈련을 주된 사업으로 하는 경우로 한정한다)
16. 「관광진흥법」에 따른 관광숙박업, 국제회의업, 유원시설업 및 대통령령으로 정하는 관광객 이용시설업
17. 「노인복지법」에 따른 노인복지시설을 운영하는 사업
18. 「전시산업발전법」에 따른 전시산업다.

창업자금 사용기한

창업자금을 증여받은 수증자는 증여받은 날부터 4년이 되는 날까지 창업자금을 모두 창업에 사용하여야 한다.

창업자금을 증여받고 과세특례를 적용받아 창업하는 경우에는 '창업일이 속하는 달의 다음달 말일'과 '창업일이 속하는 과세연도부터 4년 이내의 과세연도(창업자금을 모두 사용한 경우에는 그 날이 속하는 과세연도)까지 매 과세연도의 과세표준신고기한일'에 창업자금 사용명세를 증여세 납세지 관할세무서장에게 제출해야 한다. 창업자금 사용명세에는 '증여받은 창업자금의 내역', '증여받은 창업자금의 사용내역 및 이를 확인할 수 있는 사항'이 포함되어야 하고, 증여받은 창업자금이 50억원을 초과하는 경우에는 고용명세도 함께 제출해야 한다.

창업자금 사용명세를 제출하지 않거나 제출된 창업자금 사용명세가 분명하지 않을 시에는 그 미제출분 또는 불분명한 부분의 금액에 1천분의 3을

곱하여 산출한 금액을 창업자금 사용명세서 미제출 가산세로 부과한다.

창업으로 보지 않는 경우

합병·분할·현물출자 또는 사업의 양수를 통해 종전의 사업을 승계하여 같은 종류의 사업을 하는 경우로서 종전의 사업에 사용되던 자산을 인수 또는 매입하여 같은 종류의 사업을 할 때 인수 또는 매입한 자산가액의 합계액이 사업개시일이 속하는 과세연도의 종료일 또는 그 다음 과세연도의 종료일 현재 창업에 직접 사용되는 사업용자산의 총 가액에서 차지하는 비율이 100분의 30을 초과하는 경우에는 창업으로 보지 않는다.

개인사업자로 영위하던 사업을 법인으로 전환하여 새로운 법인을 설립하는 경우에는 창업으로 보지 않는다.

폐업 후 사업을 다시 개시하여 폐업 전의 사업과 같은 종류의 사업을 하는 경우와 다른 업종을 추가하는 등 새로운 사업을 최초로 개시하는 것으로 보기 곤란한 경우 및 창업자금을 증여받기 이전부터 영위한 사업의 운용자금과 대체설비자금 등으로 사용하는 경우에는 창업으로 보지 않는다.

다만, 창업자금 과세특례를 적용받아 창업한 수증자가 새로 창업자금을 증여받아 당초 창업한 사업과 관련하여 사용하는 경우에는 폐업 후 사업을 다시 개시하여 폐업 전의 사업과 같은 종류의 사업을 하거나 다른 업종을 추가하거나 창업자금을 증여받기 이전부터 영위한 사업의 운용자금과 대체설비자금 등으로 사용해도 창업으로 본다.

과세특례 적용받은 창업자금의 추징

창업자금 과세특례를 적용받은 수증자가 창업을 하지 않는 등 다음의 어느 하나에 해당하는 때에는 각각의 구분에 따른 금액에 증여세와 상속세를 각각 부과한다. 이때 이자상당액을 그 부과하는 증여세에 가산하여 부과한다.

$$\text{이자상당액} = \text{추징사유에 의해 결정한 증여세액} \times \text{증여세과세표준 신고기한 다음날부터 추징사유발생일까지 기간} \times \frac{22}{100,000}$$

첫째, 창업하지 않은 경우에는 증여받은 창업자금 전부에 이자상당액을 가산하여 증여세를 부과한다.

둘째, 과세특례를 적용받은 창업자금으로 창업자금 과세특례에서 창업으로 인정하는 업종 이외의 업종을 경영하는 데 사용하는 경우에는 창업으로 인정하는 업종 이외의 업종에 사용된 창업자금에 이자상당액을 가산하여 증여세를 부과한다.

셋째, 새로 증여받은 창업자금을 창업한 사업과 관련하여 사용하지 않은 경우에는 해당 목적에 사용하지 않은 창업자금에 이자상당액을 가산하여 증여세를 부과한다.

넷째, 증여받은 날부터 4년이 되는 날까지 모두 창업에 사용하지 않은 경우에는 창업에 사용되지 않은 창업자금에 이자상당액을 가산하여 증여세를 부과한다.

다섯째, 증여받은 후 10년 이내에 창업자금과 창업으로 인해 가치가 증가한 가치증가분을 해당 사업용도 이외의 용도로 사용한 경우에는 해당 사업용도 이외의 용도로 사용된 창업자금과 가치증가분에 이자상당액을 가산하여 증여세를 부과한다.

여섯째, 창업 후 10년 이내에 수증자가 사망하거나, 해당 사업을 폐업하거나, 휴업하는 경우에는 창업자금과 창업으로 인한 가치증가분에 이자상당액을 가산하여 증여세를 부과한다.

다만, 수증자가 사망한 경우 중 수증자가 창업자금을 증여받고 창업하기 전에 사망하였으나 수증자의 상속인이 당초 수증자의 지위를 승계하여 창업자금 과세특례 규정에 따라 창업하는 경우와 수증자가 창업자금을 증여받고 창업한 후 증여받은 날로부터 4년이 되기 전에 창업자금을 모두 창업에 사용하지 못하고 사망하였으나 수증자의 상속인이 당초 수증자의 지위를 승계하여 최초 증여받은 날로부터 4년 이내에 창업자금을 모두 창업에 사용하는 등 창업자금 과세특례 규정에 따라 창업하는 경우에는 창업자금을 추징하지 않는다.

또한, 해당 사업에서 부채가 자산을 초과하여 폐업하는 경우에는 창업자금을 추징하지 않는다. 최초 창업 이후 영업상 필요 또는 사업전환을 위하여 1회에 한하여 2년(폐업의 경우에는 폐업 후 다시 개업할 때까지 2년) 이내의 기간동안 휴업하거나 폐업하는 경우에도 창업자금을 추징하지 않는다.

일곱째, 증여받은 창업자금이 50억원을 초과하는 경우로서 창업한 날이 속하는 과세연도의 종료일부터 5년 이내에 각 과세연도의 상시근로자 수가 다음 계산식에 따라 계산한 수보다 적은 경우에는 50억원을 초과하는 창업자금에 이자상당액을 가산하여 증여세를 부과한다.

> 창업한 날의 상시근로자 수 - (창업을 통한 신규 고용 인원 수 - 10명)

이 경우 근로자 수는 해당 과세연도의 매월 말일 현재의 인원을 합하여 해당 월수로 나눈 인원을 기준으로 계산한다.

창업자금 과세특례를 적용받은 수증자는 추징사유가 발생하게 되면 사유 발생일이 속하는 달의 말일부터 3개월 이내에 납세지 관할세무서장에게 창업자금 증여세 과세특례 위반사유를 신고하고 해당 증여세와 이자상당액에 대한 자진납부 계산서를 제출해야 한다.

CHAPTER 4
재산 평가

1 시가 평가

상속과 증여는 자산을 무상이전 하는 행위이므로 높은 세율이 적용된 세금이 부과된다. 상속인과 수증자에게는 스스로 세액을 계산해서 신고하고 납부할 의무도 부여되어 있다. 상속인과 수증자는 상속세와 증여세를 정확하게 계산·신고·납부하기 위해서 상속재산과 증여재산을 정확하게 평가해야 한다. 「상속세 및 증여세법」에서는 재산을 평가하는 방법을 규정하고 있다. 평가방법은 상속개시일 또는 증여일 현재 상속 또는 증여 재산의 시가를 적용하는 것이 원칙이다. 시가를 정확하게 산정하는 것이 어려운 경우를 대비하여 해당 재산의 종류, 규모, 거래 상황 등을 고려한 보충적 평가방법을 규정하고 있다.

평가 원칙

평가기준일

상속세나 증여세가 부과되는 재산의 가액은 평가기준일 현재의 시가로 평가하는 것이 원칙이다. 재산 이전 상황별 평가기준일은 다음과 같이 산정한다.

상속재산에 대한 평가기준일은 상속개시일이다. 다만, 사망에 의한 상속이 아니라 실종에 의한 상속의 경우에는 실종 선고일을 평가기준일로 한다.

증여재산에 대한 평가기준일은 증여일이다.

상속세나 증여세는 납세의무자가 직접 신고·납부해야 해야 하며, 신고하지 않거나 세액을 적게 신고하는 경우에는 가산세가 추가로 부과된다. 가산세는 해당 무신고 또는 과소신고 과세표준 신고기한이 경과하고 나서도 오랜 시간이 지난 후에 과세당국의 조사를 거쳐 부과된다. 따라서 해당 상속개시일 또는 증여일과 가산세 부과 시점과는 상당한 시간차가 발생하게 되지만 무신고 또는 과소신고에 대해 세액 추징과 가산세를 부과할 때 해당 재산에 대한 평가액은 상속개시일 또는 증여일 당시의 시가로 소급해서 평가한다.

❏ 재산 이전 상황별 평가기준일

재산구분	평가기준일
상속재산	상속개시일
상속개시일 전 처분재산	재산 처분일
실종으로 인한 상속재산	실종 선고일
증여재산	증여일
사전증여재산	각 증여일

시가 평가 방법

「상속세 및 증여세법」에서 규정하는 시가란 불특정 다수인 사이에서 자유롭게 거래가 이루어지는 경우에 통상적으로 성립된다고 인정되는 가액으로 하고, 수용가격·공매가격 및 감정가격 등에 따라 시가로 인정되는 것을 포함한다. 즉, 시가는 일반적이고 정상적인 거래에 의하여 형성된 것으로 객관적인 교환가치를 적정하게 반영하고 있다고 전제한다.

여기에서 수용가격·공매가격 및 감정가격 등에 따라 시가로 인정되는 것이란 상속재산은 상속개시일 전후 6개월 이내의 기간 중에, 증여재산은 증여일 전 6개월부터 증여일 후 3개월까지의 기간 중에 매매·감정·수용·경매 또는 공매가 있는 경우 다음 중 어느 하나에 따라 확인되는 가액을 말한다.

첫째, 해당 재산에 대한 매매 사실이 있는 경우에는 그 거래가액을 시가로 한다. 이때 매매 거래가액이 평가기간 이내에 해당하는지의 여부는 해당 매매계약이 체결된 매매계약일을 기준으로 판단한다.

둘째, 해당 재산에 대해 둘 이상의 감정평가법인 등 공신력 있는 감정기관이 평가한 감정가액이 있는 경우에는 그 감정가액의 평균액을 시가로 한다. 이때 감정가액이 평가기간 이내에 해당하는지의 여부는 해당 감정평가에서 가격산정기준일과 감정가액평가서 작성일을 기준으로 판단한다. 감정평가에 따른 감정가격을 결정할 때는 부동산의 경우 기준시가가 10억원을 초과하는 경우는 둘 이상의 감정기관에 감정을 의뢰하여야 한다. 한 감정기관이 평가한 감정가액이 다른 감정기관이 평가한 감정가액의 100분의 80에 미달하는 등의 사유가 있는 경우에는 관할세무서장등이 다른 감정기관에 감정을 의뢰할 수 있다. 관할세무서장등으로부터 의뢰받은 감정기관이 감정한 가액이 납세의무자가 의뢰한 감정가액 보다 높게 평가된 경우는 그 감정가액을 평균액 계산에 사용한다. 관할세무서장등으로부터 의뢰받은 감정기관이 감정한 가액이 납세의무자가 의뢰한 감정가액 보다 낮게 평가된 경우는 납세의무자가 최초 제시한 감정가액을 평균액 계산에 사용한다.

셋째, 해당 재산에 대해 수용·경매 또는 공매사실이 있는 경우에는 그 보상가액·경매가액 또는 공매가액을 시가로 한다. 이때 보상·경매·공매가액이 평가기간 이내에 해당하는지의 여부는 해당 보상·경매·공매가액이 결정된 날을 기준으로 판단한다.

❏ 시가 인정 상황별 시가 평가 방법

시가 인정 상황	인정시가	판단기준일
해당 재산에 대한 매매사실이 있는 경우	거래가액	매매계약일
해당 재산에 대한 둘 이상의 감정가액이 있는 경우	감정가액 평균	가격산정기준일, 감정가액평가서 작성일
해당 재산에 대한 수용·경매·공매 사실이 있는 경우	보상·경매·공매가액	보상·경매·공매가액 결정일

위의 모든 경우에 있어 해당 재산에 대해 시가로 보는 가액이 둘 이상인 경우에는 평가기준일을 전후하여 가장 가까운 날에 해당하는 가액을 시가로 적용하며, 그 가액이 둘 이상인 경우에는 평균액을 시가로 적용한다.

시가로 인정하는 가액에 2 이상의 재산가액이 포함되어 있으나 각각의 재산가액이 구분되지 않을 때는 각각의 재산을 보충적 평가방법 규정에 의해 평가한 가액에 비례해 안분계산한다. 이때 각각의 재산에 대해 동일 감정기관이 동일한 시기에 감정한 각각의 감정가액이 있는 경우에는 그 감정가액에 비례하여 안분계산한다.

다만, 토지와 그 토지에 정착된 건물 기타 구축물의 가액이 구분되지 않는 경우는 시가로 인정하는 거래가 있는 날 현재의 기준시가에 따라 안분계산한다. 토지와 건물등 중 어느 하나에만 기준시가가 있는 경우에는 장부가액에 비례해 안분계산한 후 기준시가가 있는 자산에 대해서는 그 합계액을 다시 기준시가에 의해 안분계산한 금액으로 한다.

시가인정가액을 적용할 때 해당 재산과 면적·위치·용도·종목 및 기준시가가 동일하거나 유사한 다른 재산에 대한 평가기준일 6개월 전부터 평가기간 이내의 기간에 시가인정가액이 있는 경우에는 해당 가액을 시가로 본다.

위에서 언급한 시가로 인정하는 거래가 있는 날이 평가기준일 전에 해당할 때는 그 시가로 인정하는 거래가 있는 날부터 평가기준일까지 해당 재산에 대한 자본적 지출액이 확인되면 그 자본적 지출액을 그 시가 인정액에 더할 수 있다.

또한, 평가기간에 해당하지 않는 기간으로서 평가기준일 전 2년 이내의 기간 중에 매매등이 있거나 평가기간이 경과한 후부터 법정결정기한(상속세는 과세표준 신고기한부터 9개월, 증여세는 과세표준 신고기한부터 6개월)까지 기간 중 주식발행회사의 경영상태, 시간의 경과 및 주위 환경의 변화 등을 고려하여 가격변동의 특별한 사정이 없다고 평가심의위원회 심의에서 인정되는 때에는 해당 매매등의 가액을 시가로 인정되는 가액에 포함할 수 있다.

시가 인정 배제

평가기간 중 매매·감정·수용·경매 또는 공매가 있는 경우라도 다음 중 어느 하나에 해당하는 때에는 그 가액을 시가로 인정하지 않는다.

거래가액을 시가로 인정하지 않는 경우

해당 재산에 대한 매매사실이 있으나 그 거래가 특수관계인과의 거래로서 그 거래가액이 객관적으로 부당하다고 인정되는 경우 그 거래가액을 시가로 인정하지 않는다. 또한, 거래된 비상장 주식의 액면가액의 합계액이 해당 법인의 발행주식총액 또는 출자총액의 100분의 1에 해당하는 금액이나 3억원 중 적은 금액 미만인 경우 그 거래가액을 시가로 인정하지 않는다. 다만 평가심의위원회 심의에서 그 거래가액이 거래 관행 상 정당한 사유가 있다고 인정되는 경우에는 그 거래가액을 시가로 적용한다.

감정가액을 시가로 인정하지 않는 경우

해당 재산에 대해 둘 이상의 감정기관이 평가한 감정가액이 있으나 그 감정가액이 일정한 조건이 충족될 것을 전제로 당해 재산을 평가하는 등 상속세 및 증여세 납부목적에 적합하지 않은 경우와 평가기준일 현재 당해 재산의 원형대로 감정하지 않은 경우에는 그 감정가액을 시가로 인정하지 않는다.

보상·경매·공매가액을 시가로 인정하지 않는 경우

해당 재산에 대해 수용·경매·공매 사실이 있어 보상·경매·공매가액이 있으나 상속세로 물납한 재산을 상속인 또는 그의 특수관계인이 경매 또는 공매로 취득한 경우 그 경매·공매가액은 시가로 인정하지 않는다. 최대주주등의 상속인 또는 최대주주등의 특수관계인이 최대주주등이 보유하고 있던 비상장주식등을 경매 또는 공매로 취득하는 경우와 경매 또는 공매로 취득한 비상장주식의 액면가액의 합계액이 당해 법인의 발행주식총액 또는 출자총액의 100분의 1에 해당하는 금액과 3억원 중 적은 금액 미만인 경우에도 그 경매·공매가액은 시가로 인정하지 않는다. 또 경매 또는 공매 절차가 개시된 후 1회 공매 후 1년간 5회 이상 공매하여도 매각되지 않거나 부패·변질·감량되기 쉬운 재산으로 속히 매각하지 않으면 그 재산가액이 감손될 우려가 있는 때 등에 해당해 수의계약에 의해 거래되는 경우에도 그 경매·공매가액은 시가로 인정하지 않는다.

2 보충적 평가

「상속세 및 증여세법」에서는 상속개시일 또는 증여일 현재 상속 또는 증여 재산의 시가를 정확하게 산정하는 것이 어려운 경우 시가에 대한 대체 수단으로 해당 재산의 종류, 규모, 거래 상황 등을 고려한 보충적 평가방법을 규정하고 있다.

부동산

일반적으로 부동산은 규모가 크기 때문에 거래가 일상적이고 빈번하게 이루어지지 않는 특성을 지니고 있으므로 시가를 정확하게 산정해 내는 것이 쉽지 않다. 따라서 부동산에 대한 평가는 「상속세 및 증여세법」 제61조에 따른 보충적 평가방법을 사용하는 것이 일반적이다.

토지

토지 가액은 「부동산 가격공시에 관한 법률」에 따른 개별공시지가를 적용한다. 개별공시지가는 매년 산정·고시되어 해마다 그 가액이 변동된다. 상속 또는 증여에 따른 토지 가액을 산정하기 위한 개별공시지가는 평가기준일 현재 고시되어 있는 가액을 적용한다.

'신규등록 토지', '분할 또는 합병된 토지', '토지의 형질변경 또는 용도변경으로 지목이 변경된 토지', '개별공시지가의 결정·고시가 누락된 토지' 등 개별공시지가가 없는 토지의 가액은 납세지 관할세무서장이 인근 유사 토지의 개별공시지가를 고려하여 '토지가격비준표'에 따라 평가한 금액을 적용한다.

각종 개발사업등으로 지가가 급등하거나 급등할 우려가 있는 지역으로 국세청장이 지정한 지역의 토지 가액은 배율을 곱해서 계산한 금액을 적용한다. 이때 개별공시지가가 있는 토지는 그 개별공시지가에 배율을 곱해서 토지 가액을 계산하고 개별공시지가가 없는 토지는 납세지 관할세무서장이 '토지가격비준표'에 따라 평가한 금액에 배율을 곱해서 토지 가액을 계산한다. 배율은 국세청장이 평가기준일 현재의 개별공시지가에 지역마다 그 지역에 있는 가격사정이 유사한 토지의 실제 매매사례가액을 고려하여 고시하는 배율을 말한다.

❑ 토지 가액에 대한 보충적 평가 방법

구분		평가방법
일반지역 토지	개별공시지가 있는 토지	개별공시지가
	개별공시지가 없는 토지	토지가격비준표에 따라 평가한 가액
지정지역 토지	개별공시지가 있는 토지	개별공시지가 × 배율
	개별공시지가 없는 토지	토지가격비준표에 따라 평가한 가액 × 배율

건물

개별주택·공동주택과 오피스텔 및 상업용 건물을 제외한 건물의 경우에는 신축가격, 구조, 용도, 위치, 신축 연도 등을 고려하여 매년 1회 이상 국세청장이 산정·고시하는 가액을 적용한다. 건물 기준시가 산정 방법 고시에 따라 산출된 가액은 그 개별건물의 기준시가로 본다.

❑ 건물 기준시가 산정 기본 계산식
(1) 기준시가 = 평가대상 건물 면적(m^2) × m^2당 금액
(2) m^2당 금액 = 건물신축가격기준액 × 구조지수 × 용도지수 × 위치지수
       × 경과연수별 잔가율 × 개별건물의 특성에 따른 조정률

오피스텔 및 상업용 건물

건물에 딸린 토지를 공유하고 건물을 구분소유하는 것으로서 건물의 용도·면적 및 구분소유하는 건물의 수 등을 고려해 국세청장이 지정하는 지역에 소재하는 오피스텔 및 상업용 건물과 이들에 딸린 토지에 대해서는 건물의 종류, 규모, 거래상황, 위치 등을 고려하여 매년 1회 이상 국세청장이 토지와 건물에 대해 일괄하여 산정·고시한 가액을 적용한다.

여기에서 '오피스텔'은 「건축법」 제2조 제2항에서 정한 업무시설 중 오피스텔(부수토지 포함)을 말하고, '상업용 건물'은 「건축법」 제2조 제2항에서 정한 근린생활시설, 판매시설 등의 용도로 사용되고 있는 건물(부수토지 포함)을 말한다. 오피스텔 및 상업용 건물에 대해 매년 1회 이상 국세청장이 토지와 건물에 대해 일괄하여 산정·고시하는 가액은 '기준시가'라 한다.

오피스텔 기준시가는 전국 모든 지역에 대해 산정·고시하고, 상업용 건물 기준시가는 서울특별시, 세종특별자치시, 6개 광역시, 경기도에 한해 산정·고시한다.

국세청장이 지정하는 지역 외에 소재하는 오피스텔 및 상업용 건물은 토지에 대해서는 개별공시지가를, 건물에 대해서는 일반건물 평가액을 적용한다.

❏ 오피스텔 및 상업용 건물에 대한 보충적 평가 방법

국세청장이 지정하는 지역 내	국세청장이 지정하는 지역 이외
국세청장이 토지와 건물에 대해 일괄하여 산정·고시한 가액	• 토지 : 개별공시지가 • 건물 : 일반건물 평가액

주택

개별주택가액에 대해서는 시·군·구청장이 결정·공시하는 개별주택가격을 적용한다. 개별주택가격이 없는 단독주택의 경우에는 해당 주택과 구조·용도·이용 상황 등 이용 가치가 유사한 인근 주택을 표준주택으로 보고 국토부장관이 작성한 주택가격 비준표에 따라 납세지 관할세무서장이 평가한 가액으로 적용한다.

공동주택가액에 대해서는 국세청장이 결정·고시한 고시주택가격을 적용한다. 해당 주택의 고시주택가격이 없는 경우와 고시주택가격 고시 후 해당 주택을 대수선 또는 리모델링을 하여 고시주택가격으로 평가하는 것이 적절하지 않은 경우는 인근 유사 공동주택의 거래가격·임대료 및 해당 공동주택과 유사한 이용 가치를 지닌다고 인정되는 공동주택의 건설에 필요한 비용 추정액 등을 종합적으로 고려하여 납세지 관할세무서장이 평가한 가액으로 적용한다.

❑ 주택에 대한 보충적 평가 방법

개별주택(단독, 다가구주택)	공동주택(아파트, 다세대, 연립주택)
• 시·군·구청장 결정·고시 개별주택가격 • 국토교통부장관의 표준주택가격	국토교통부장관 고시가격

지상권 등

지상권 및 부동산을 취득할 수 있는 권리와 특정시설물을 이용할 수 있는 권리에 대한 보충적 평가방법은 그 권리 등이 남은 기간, 성질, 내용, 거래상황 등을 고려하여 평가한 가액을 적용한다.

지상권

지상권이란 타인의 토지에 건물, 기타의 공작물이나 수목을 소유하기 위하여 그 토지를 사용하는 권리를 말한다. 지상권의 가액은 지상권이 설정되어 있는 토지의 가액에 연간 2%를 곱하여 계산한 금액을 해당 지상권의 잔존연수를 고려한 현재가치 상당액으로 한다. 잔존연수는 「민법」에 규정된 지상권의 존속기간을 준용한다.

□ 지상권에 대한 보충적 평가 방법

$$\text{지상권 보충적 평가액} = \sum_{n=1}^{n} \frac{\text{각 연도의 수입금액}}{(1+10\%)^n}$$

n : 평가기준일부터의 경과연수(잔존연수), 각 연도의 수입금액 = 토지가액 × 2%

부동산을 취득할 수 있는 권리

부동산을 취득할 수 있는 권리란 부동산의 취득시기가 도래하기 전에 당해 부동산을 취득할 수 있는 권리를 말하는 것이다. 그 예로는 건물이 완성되는 때에 그 건물과 이에 부수되는 토지를 취득할 수 있는 권리인 아파트 당첨권이 있다.

부동산을 취득할 수 있는 권리의 가액은 평가기준일까지 납입한 금액과 평가기준일 현재의 프리미엄에 상당하는 금액을 합한 금액으로 한다. 부동산을 취득할 수 있는 권리가 재개발·재건축에 따른 조합원 입주권인 경우 관리처분계획을 기준으로 산정한 조합원권리가액과 평가기준일까지 납입한 계약금, 중도금 등을 합한 금액과 평가기준일 현재의 프리미엄에 상당하는 금액을 합한 금액으로 한다.

> **□ 조합원 권리가액 계산**
> 분양대상자의 종전 토지 및 건축물 가격 × {(정비사업 완료 후의 대지 및 건축물의 총 수입추산액 − 총 소요사업비) ÷ 종전의 토지 및 건축물의 총 가액}

다만, 해당 권리에 대해 「지방세법」에 따라 고시한 시가표준액이 있는 경우에는 그 시가표준액으로 평가한다.

특정시설물을 이용할 수 있는 권리

특정시설물을 이용할 수 있는 권리란 특정시설물이용권·회원권 기타 명칭 여하를 불문하고 당해 시설물을 배타적으로 이용하거나 일반이용자에 비해 유리한 조건으로 이용할 수 있도록 약정한 단체의 일원이 된 자에게 부여되는 권리를 말한다.

특정시설물을 이용할 수 있는 권리의 가액도 평가기준일까지 납입한 금액과 평가기준일 현재의 프리미엄에 상당하는 금액을 합한 금액으로 한다.

그 밖에 시설물과 구축물

그 밖에 시설물과 구축물은 평가기준일에 다시 건축하거나 다시 취득할 때 소요되는 가액에서 그것의 설치일부터 평가기준일까지의 감가상각비상당액을 차감한 가액으로 한다. 감가상각비상당액이란 「법인세법」 규정에 의해 계산한 감가상각비를 말하므로 장부상 계상되지 않은 감가상각비에 대해서도 설치일부터 평가기준일까지 감가상각비누계액을 산출하여 차감한다.

시설물과 구축물의 재건축 또는 재취득가액을 산정하기 어려운 경우에는 「지방세법 시행령」 제4조 제1항에 따른 시가표준액을 해당 시설물 및 구축물의 가액으로 할 수 있다.

사실상 임대차계약이 체결되거나 임차권이 등기된 재산

「민법」에 따르면 '임대차'는 당사자의 일방(임대인)이 상대방(임차인)에게 목적물을 사용·수익할 수 있게 약정하고, 상대방이 그 대가로서 차임을 지급할 것을 약정함으로써 성립하는 계약이다.

사실상 임대차계약이 체결되거나 임차권이 등기된 재산은 임대료 환산가액과 보충적 평가방법에 따라 평가한 가액 중 큰 금액을 그 재산의 가액으로 한다.

❏ 사실상 임대차계약 체결 또는 임차권 등기된 재산 가액 = Max[①, ②]
  ① 임대료 환산가액
  ② 보충적 평가방법에 따른 평가액

❏ 임대료 환산가액 계산

$$\text{임대료 환산가액} = \text{임대보증금} + \frac{\text{1년 간 임대료}}{0.12}$$

0.12 : 기획재정부령으로 정하는 율

❏ 사실상 임대차계약 체결 또는 임차권이 등기된 재산 가액 계산 사례
- 상속받은 상가의 임대조건과 상속재산 평가액이 다음과 같을 때 상가의 평가가액은
- 상가는 보충적 평가방법으로 평가하며, 국세청장이 지정한 지역 외에 소재

임대보증금	월 임대료	토지 공시지가	건물 기준시가
1.5억원	4.6백만원	4억원	2억원

① 임대료 환산가액 : 1.5억원 + {(4.6백만원 × 12개월) ÷ 0.12} = 6.1억원
② 보충적 평가방법에 따른 평가액 : 4억원 + 2억원 = 6억원
  ∴ 상속받은 상가의 평가가액은 6.1억원 임

토지와 건물의 소유자 구분에 따른 임대료 환산가액은 다음과 같은 방법으로 계산한다.

토지와 건물의 소유자가 동일한 경우에는 임차인으로부터 받은 임대료 환산가액을 보충적 평가방법에 따라 평가한 토지와 건물의 가액으로 나누어 계산한 금액을 각각 토지와 건물의 평가액으로 한다.

토지와 건물의 소유자가 다르고, 토지 소유자와 건물 소유자가 제3자와 임대차계약 당사자인 경우는 토지 소유자와 건물 소유자에게 구분되어 귀속

되는 임대료 환산가액을 각각 토지와 건물의 평가액으로 한다.

　토지와 건물의 소유자가 다르고, 토지와 건물 소유자 중 어느 한 사람만이 제3자와 임대차계약 당사자인 경우는 토지 소유자와 건물 소유자 사이의 임대차계약 존재 여부 및 그 내용에 상관없이 제3자가 지급하는 임대료와 임대보증금을 토지와 건물 전체에 대한 것으로 보아 제3자가 지급하는 임대료 환산가액을 토지와 건물의 기준시가로 나누어 계산한 금액을 각각 토지와 건물의 평가가액으로 한다.

유가증권 등

상장주식

　유가증권시장과 코스닥시장에 상장되어 증권시장에서 거래되는 상장주식은 평가기준일 이전·이후 각 2개월 동안 공표된 매일의 최종 시세가액의 평균액을 평가액으로 한다. 이때 평가기준일이 공휴일, 매매거래 정지일, 납회기간 등으로 매매가 없는 날인 경우는 그 전일을 기준으로 한다. 매일의 최종 시세가액에 대해서는 거래실적 유무를 따지지 않으며, 평가기준일 이전·이후 각 2월간의 합산 기간이 4월에 미달하는 경우는 해당 합산 기간을 기준으로 한다.

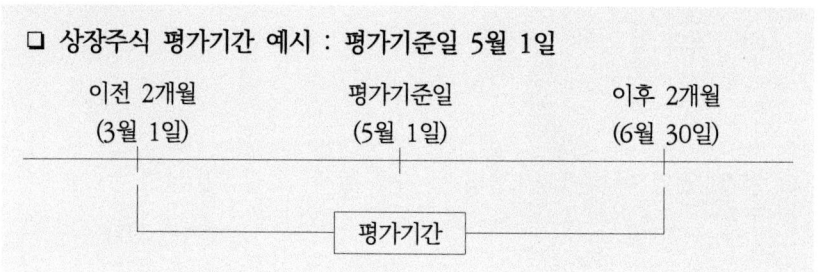

　평균액을 계산할 때 평가기준일 이전·이후 각 2개월 동안에 증자·합병 등의 사유가 발생해 그 평균액으로 하는 것이 부적당한 경우에는 증자·합병 등의 사유가 발생한 날이 평가기준일 이전인지 이후인지에 따라 기간을

달리하여 평균액을 계산한다.

첫째, 평가기준일 이전에 증자·합병 등의 사유가 발생한 경우는 동 사유가 발생한 날의 다음날부터 평가기준일 이후 2월이 되는 날까지의 기간동안 매일의 최종 시세가액의 평균액을 계산한다.

증자·합병 등의 사유가 2회 이상 발생한 경우는 평가기준일에 가장 가까운 날을 동 사유가 발생한 날로 본다.

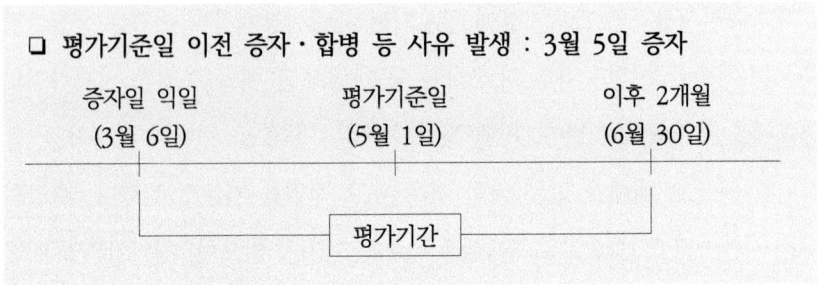

둘째, 평가기준일 이후에 증자·합병 등의 사유가 발생한 경우는 평가기준일 이전 2월이 되는 날부터 동 사유가 발생한 날의 전일까지의 매일의 최종 시세가액의 평균액을 계산한다.

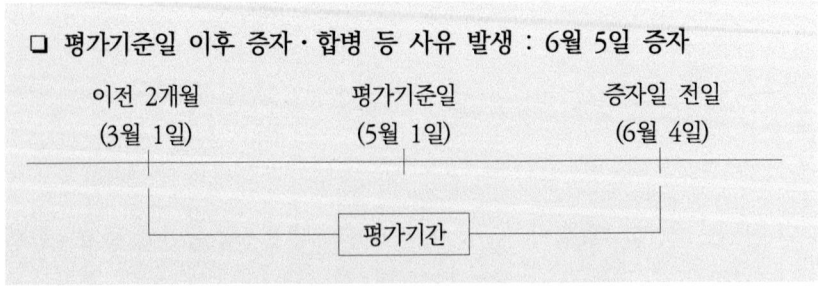

셋째, 평가기준일 이전·이후에 증자·합병 등의 사유가 발생한 경우는 평가기준일 이전 동 사유가 발생한 날의 다음날부터 평가기준일 이후 동 사유가 발생한 날의 전일까지의 매일의 최종 시세가액의 평균액을 계산한다.

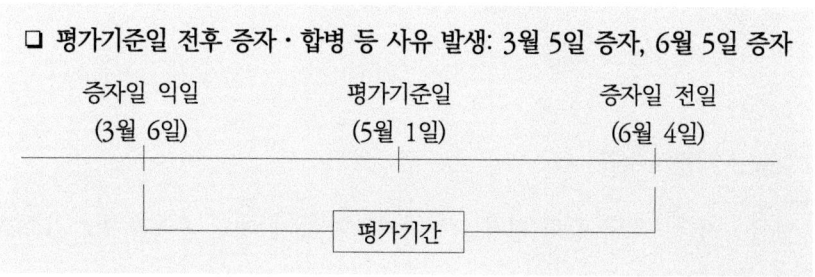

국채·공채·사채

국채·공채·사채(전환사채등은 제외)는 거래소에 상장되어 거래되는 경우와 상장되어 있지 않은 경우에 따라 평가방법을 달리한다.

상장되어 거래소에서 거래되는 국채·공채·사채는 평가기준일 이전 2개월간 공표된 매일의 최종 시세가액의 평균액과 평가기준일 이전 최근일의 최종 시세가액 중 큰 가액으로 평가한다.

상장되지 않은 국채·공채·사채와 상장되어 있으나 평가기준일 이전 2개월의 기간 중 거래실적이 없는 국채·공채·사채는 다음과 같이 평가한다.

타인으로부터 매입한 국채·공채·사채는 매입가액에 평가기준일까지의 미수이자상당액을 합한 금액으로 평가한다. 이때 국채·공채·사채의 발행기관 및 발행회사로부터 액면가액으로 직접 매입한 것은 제외한다.

타인으로부터 매입 이외의 국채·공채·사채는 평가기준일 현재 처분하면 받을 수 있다고 예상되는 금액으로 평가한다. 다만, 처분예상금액을 산정하기 어려운 경우에는 국채·공채·사채의 상환기간·이자율·이자지급방법 등을 참작하여 「자본시장과 금융투자업에 관한 법률」에 따라 인가를 받은 투자매매업자, 투자중개업자, 「공인회계사법」에 따른 회계법인, 「세무사법」에 따른 세무법인 중 2 이상의 인가기관이 평가한 금액의 평균액으로 평가할 수 있다.

예금·저금·적금

예금·저금·적금 등의 평가는 평가기준일 현재 예입 총액과 평가기준일 현재 이미 지난 미수이자 상당액을 합한 금액에서 원천징수세액 상당 금액을 차감한 가액으로 평가한다.

채권·채무 가액

대출금, 외상매출금, 받을어음 등의 채권가액과 입회금, 보증금 등의 채무가액은 원본의 회수기간·약정이자율 및 금융시장에서 형성되는 평균이자율 등을 고려하여 원본의 가액에 평가기준일까지의 미수이자상당액을 가산한 금액으로 평가한다.

이때 원본의 회수기간이 5년을 초과하는 경우는 각 연도에 회수할 원본에 이자상당액을 가산한 금액을 적정할인율(8%)로 할인한 현재가치의 합계액으로 평가한다. 또, 회사정리절차 또는 화의절차 개시 등 사유로 당초 채권의 내용이 변경된 경우에도 각 연도에 회수할 원본에 이자상당액을 가산한 금액을 적정할인율(8%)로 할인한 현재가치의 합계액으로 평가한다.

원본의 회수기간이 정해지지 않은 경우는 회수기간을 5년으로 보며, 채권의 전부 또는 일부가 평가기준일 현재 회수불가능한 것으로 인정되는 경우는 그 가액을 산입하지 않는다.

집합투자증권

집합투자증권의 평가는 평가기준일 현재 거래소의 기준가격이나 집합투자업자 또는 투자회사가 산정 또는 공고한 기준가격으로 한다. 다만, 평가기준일 현재 기준가격이 없는 경우에는 평가기준일 현재의 환매가격 또는 평가기준일 전 가장 가까운 날의 기준가격으로 한다.

신탁의 이익을 받을 권리

신탁의 이익을 받을 권리의 가액은 원본을 받을 권리와 수익을 받을 권리의 수익자가 동일인인지 여부에 따라 평가를 달리한다. 다만, 평가한 가액보다 평가기준일 현재 신탁계약의 철회, 해지, 취소 등을 통해 받을 수 있는 일시금이 더 큰 경우에는 그 일시금의 가액으로 한다.

원본을 받을 권리와 수익을 받을 권리의 수익자가 같은 경우에는 평가기준일 현재 「상속세 및 증여세법」에 따라 평가한 신탁재산의 가액과 평가기준일 현재 신탁계약의 철회, 해지, 취소 등을 통해 받을 수 있는 일시금 중 큰 금액으로 평가한다.

❑ 원본과 수익을 받을 권리의 수익자가 같은 경우 평가액 = Max[①, ②]
  ① 신탁재산 가액
  ② 신탁계약 철회, 해지, 취소 등을 통해 받을 수 있는 일시금

원본을 받을 권리와 수익을 받을 권리의 수익자가 다른 경우 중 원본을 받을 권리를 수익하는 경우는 평가기준일 현재 「상속세 및 증여세법」에 따라 평가한 신탁재산의 가액에서 신탁의 수익을 받을 권리에 대한 가액을 차감하여 계산한 금액과 평가기준일 현재 신탁계약의 철회, 해지, 취소 등을 통해 받을 수 있는 일시금 중 큰 금액으로 평가한다.

❏ **원본을 받을 권리를 수익하는 경우 평가액 = Max[①, ②]**
① 신탁재산 가액 - 신탁 수익을 받을 권리에 대한 가액
② 신탁계약 철회, 해지, 취소 등을 통해 받을 수 있는 일시금

원본을 받을 권리와 수익을 받을 권리의 수익자가 다른 경우 중 수익을 받을 권리를 수익하는 경우는 평가기준일 현재 추산한 장래에 받을 각 연도의 수익금에 대하여 수익의 이익에 대한 원천징수세액 상당액등을 고려하여 현재가치로 환산한 금액의 합계액과 평가기준일 현재 신탁계약의 철회, 해지, 취소 등을 통해 받을 수 있는 일시금 중 큰 금액으로 평가한다.

❏ **수익을 받을 권리를 수익하는 경우 평가액 = Max[①, ②]**
① 신탁 수익을 받을 권리에 대한 가액 = $\sum_{n=1}^{n} \dfrac{\text{각 연도에 받을 수익의 이익} - \text{원천징수세액 상당액}}{(1+r)^n}$

n : 평가기준일부터 수익시기까지의 연수
r : 신탁재산의 평균수익률 등을 고려해 기획재정부령으로 정하는 이자율(3%)

② 신탁계약 철회, 해지, 취소 등을 통해 받을 수 있는 일시금

가상자산

가상자산의 가액은 다음과 같이 평가한다.

금융정보분석원장이 신고를 수리한 가상자산사업자 중 국세청장이 고시하는 가상자산사업자의 사업장에서 거래되는 가상자산은 평가기준일 전·후 각 1개월 동안 해당 가상자산사업자가 공시하는 일평균가액의 평균액으로 한다.

그 밖의 가상자산은 위에 해당하는 가상자산사업자 외 가상자산사업자와 이에 준하는 사업자의 사업장에서 공시하는 거래일의 일평균가액 또는 종료시각에 공시된 시세가액 등 합리적으로 인정되는 가액으로 한다.

기타 재산

선박 등 그 밖의 유형재산

선박, 항공기, 차량, 기계장비 및 입목(立木)에 대해서는 해당 재산을 처분할 경우 다시 취득할 수 있다고 예상되는 가액으로 평가한다. 다만 그 가액이 확인되지 않을 때는 취득가액에서 감가상각비를 차감한 장부가액과 시가표준액을 순차로 적용한 가액으로 평가한다.

상품, 제품, 반제품, 재공품, 원재료 기타 이에 준하는 동산 및 소유권의 대상이 되는 동산의 평가는 그것을 처분할 때 취득할 수 있다고 예상되는 가액으로 평가한다. 다만, 그 가액이 확인되지 않을 때는 장부가액으로 평가한다.

판매용이 아닌 서화(書畵), 골동품 등 예술적 가치가 있는 유형재산의 평가는 전문 분야별로 2인 이상의 전문가가 감정한 감정가의 평균액으로 평가한다. 다만, 그 감정가의 평균액이 국세청장이 위촉한 3인 이상의 전문가로 구성된 감정평가심의회에서 감정한 감징가액에 미달하는 경우는 감정평가심의회에서 감정한 감정가액으로 평가한다.

판매 목적으로 소유하는 서화(書畵), 골동품 등 유형재산의 평가는 그것을 처분할 때 취득할 수 있다고 예상되는 가액으로 평가하며, 그 가액이 확인되지 않을 때는 장부가액으로 평가한다.

소유권의 대상이 되는 동물과 평가방법을 따로 규정하지 않은 기타 유형재산에 대해서는 상품등의 평가방법을 준용해 평가한 가액으로 한다.

무체재산권

무체재산권이란 무형의 재산적 이익을 배타적으로 지배할 수 있는 권리로 사람의 정신적인 산출물을 대상으로 하는 권리를 총칭하는 개념이다. 무체재산권은 특허권, 실용신안권, 의장권, 상표권 등 공업소유권과 저작권이 대표적이다. 무체재산권의 가액은 재산의 취득가액에서 평가기준일까지의 감가상각비를 뺀 금액과 각 연도의 수입금액을 현재가치로 환산한 합계액 중 큰 금액으로 평가한다.

❑ 무체재산권 평가액 = Max[①, ②]
① 재산의 취득가액에서 취득한 날부터 평가기준일까지의 감가상각비를 뺀 금액
② 각 연도의 수입금액을 현재가치로 환산한 합계액

각 연도의 수입금액이 확정되지 않은 경우에는 평가기준일 전 최근 3년간의 각 연도의 수입금액의 합계액을 평균한 금액을 각 연도의 수입금액으로 하되, 최근 3년간 수입금액이 없거나 저작권으로서 평가기준일 현재 장래에 받을 각 연도의 수입금액이 하락할 것이 명백한 경우에는 세무서장등이 2 이상의 공신력있는 감정기관 또는 전문가의 감정가액 및 해당 권리의 성질 기타 제반사정을 감안하여 적정한 가액으로 평가할 수 있다.

영업권

영업권의 평가는 초과이익금액을 평가기준일 이후의 영업권 지속연수(원칙적으로 5년)를 고려하여 환산한 가액에 의한다.

□ 영업권의 평가

$$영업권 = \sum_{n=1}^{n} \frac{초과이익금액}{(1+r)^n} = 초과이익금액 \times 연금현가계수(n, r)$$

n : 영업권 지속연수, r : 초과이익환원율(10%)

초과이익금액은 최근 3년간(3년에 미달하는 경우에는 해당 연수) 순손익액의 가중평균액의 100분의 50에 상당하는 가액에서 평가기준일 현재의 자기자본에 기획재정부령이 정하는 이자율(10%)을 곱해 계산한 가액을 차감한 금액으로 계산한다.

최근 3년간의 순손익액의 가중평균액은 비상장주식의 평가 시 1주당 순손익가치를 계산하는 방법을 준용하여 평가한다. 개인기업의 영업권을 평가할 때의 순손익액은 사업소득금액을 기준으로 계산한다.

□ 영업권 평가 사례
- 평가기준일 : 2023. 2. 5. - 이자율 : 10%, - 연금현가계수(5, 10) : 3.7908

최근 3년간 순손익액(원)			평가기준일 현재 자기자본(원)
2020년	2021년	2022년	
485,000,000	575,500,000	680,000,000	2,562,500,000

〈계 산〉
① 평가기준일 전 3년간 순손익액의 가중평균액

{(680,000,000 × 3) + (575,500,000 × 2) + (485,000,000 × 1)} ÷ 6
   = 612,500,000원
② 3년간 순손익액의 가중평균액 × 50%
   612,500,000 × 50% = 306,250,000원
③ 평가기준일 현재의 자기자본 × 기획재정부령이 정하는 이자율
   2,562,500,000 × 10% = 256,250,000원
④ 영업권 계산액
   (306,250,000 - 256,250,000) × 3.7908 = 189,540,000원

자기자본은 비상장주식의 평가 시 산출된 순자산가액을 말하고 자산가액에 이 영업권의 가액은 포함하지 않는다. 제시한 증빙에 의하여 자기자본을 확인할 수 없는 경우에는 "사업소득÷자기자본이익률"과 "수입금액÷자기자본회전율" 중 큰 금액으로 한다.

매입한 무체재산권으로서 그 성질상 영업권에 포함시켜 평가되는 무체재산권의 경우에는 이를 별도로 평가하지 않는다. 다만, 해당 무체재산권의 평가액이 영업권 가액보다 큰 경우에는 무체재산권 평가액을 영업권 평가액으로 한다.

저당권등이 설정된 재산

저당권등이 설정된 재산은 그 재산이 담보하는 채권액 등을 기준으로 평가한 가액과 시가 평가액 중 큰 금액을 그 재산 가액으로 한다.

❏ 담보권 종류별 재산이 담보하는 채권액

담보권 종류	재산이 담보하는 채권액
저당권 설정 재산	해당 재산이 담보하는 채권액
공동저당권 설정 재산	해당 재산이 담보하는 채권액을 공동저당된 재산의 평가기준일 현재 가액으로 안분하여 계산한 가액
근저당권 설정 재산	평가기준일 현재 해당 재산이 담보하는 채권액 근저당권 채권최고액이 채권액보다 적은 경우 채권최고액
질권 및 양도담보재산	해당 재산이 담보하는 채권액
전세권 등기 재산	등기된 전세금(임대보증금 받고 임대한 경우 임대보증금)
담보신탁계약 체결 재산	신탁계약 또는 수익증권에 따른 우선수익자인 채권자의 수익한도금액

저당권, 담보권, 질권이 설정된 재산을 평가함에 있어 당해 재산에 설정된 물적담보 외에 신용보증기관등의 보증이 있는 경우에는 담보하는 채권액에서 당해 신용보증기관등이 보증한 금액을 차감한 가액으로 평가한다.

동일한 재산이 2 이상 채권(전세금 채권, 임차보증금 채권 포함)에 대한 담보로 되어 있는 경우에는 그 재산이 담보하는 채권액의 합계액으로 평가한다.

외화자산 및 부채

외화자산 및 부채는 평가기준일 현재 기준환율 또는 재정환율에 따라 환산한 가액을 기준으로 평가한다. '기준환율'은 원화를 대가로 미달러화를 매매할 때 기준이 되는 환율을 말한다. 기준환율은 시장평균환율 또는 매매기준율이라고도 한다. '재정환율'은 통화 환율을 직접 산출할 수 없어 특정 국가의 환율을 매개로 정하는 환율이다. 재정환율은 주로 미국 달러화를 기준으로 삼아 정하고 있다.

국외 재산

외국에 있는 상속 또는 증여재산으로 시가 평가나 보충적 평가방법 규정을 적용하는 것이 부적당한 경우에는 그 재산이 소재하는 국가에서 양도소득세·상속세 또는 증여세 등의 부과목적으로 평가한 가액을 평가액으로 한다.

국외 재산이 소재하는 국가에서 평가한 평가액이 없는 경우에는 세무서장 등이 둘 이상의 국내 또는 외국의 감정기관에 의뢰하여 감정한 가액을 참작하여 평가한 가액을 평가액으로 한다. 국외 재산이 주식등에 대한 평가인 경우에는 「자본시장과 금융투자업에 관한 법률」에 따라 신용평가업 인가를 받은 신용평가전문기관, 「공인회계사법」에 따른 회계법인, 「세무사법」에 따른 세무법인을 감정기관에 포함한다.

3 비상장주식 평가

　　일반적으로 비상장주식은 시장성이 적다. 상장주식은 거래소에서 매수와 매도가 일상적으로 발생하고 있다. 이런 거래는 불특정 다수인 사이에서 자유롭게 이루어지고 있어 거래가격은 교환가치가 되어 시가로 인정받고 있다. 반면, 비상장주식은 거래를 매개하는 유통시장이 없어 거래가 일상적이고 빈번하게 이루어지지 않고 있으며, 특정인들 사이에서 그들이 주관적으로 평가하는 가치로 제한적인 거래가 이루어지고 있다. 비상장주식의 거래는 시가를 정의하는 요건 중 '불특정 다수인 사이에서의 거래' 요건에 부합하지 못하고, '통상적으로 성립된다고 인정되는 가액' 요건에도 부합하지 못한다. 따라서 세무당국에서는 비상장주식을 평가하는 방법으로 보충적 평가방법만 인정하고 있다.

평가 방법

평가 원칙

비상장주식의 보충적 평가방법은 해당 법인의 자산 및 수익 등을 고려하여 평가하도록 하고 있다. 비상장법인의 주식등은 1주당 순손익가치와 1주당 순자산가치를 각각 3과 2의 비율로 가중평균하여 산출한 가액으로 평가한다. 그리고 이렇게 평가한 가액을 1주당 순자산가치에 100분의 80을 곱해 계산된 금액과 비교하여 더 높은 가액을 비상장주식등의 가액으로 한다.

❏ 비상장주식의 1주당 주식평가액 = Max[①, ②]

① $\dfrac{(1주당\ 순손익가치\ \times\ 3)\ +\ (1주당\ 순자산가치\ \times\ 2)}{5}$

② 1주당 순자산가치 × 80%

부동산 과다 보유 법인

부동산 과다 보유 법인의 경우에는 1주당 순손익가치와 1주당 순자산가치를 각각 2와 3의 비율로 가중평균하여 산출한 가액으로 평가한다. 그리고 이렇게 평가한 가액을 1주당 순자산가치에 100분의 80을 곱해 계산된 금액과 비교하여 더 높은 가액을 비상장주식등의 가액으로 한다.

부동산 과다 보유 법인이란 법인의 자산총액 중 부동산과 부동산에 관한 권리가액이 차지하는 비율이 50% 이상인 법인을 말한다. 자산총액은 해당 법인의 장부가액을 기준으로 판단한다. 다만, 자산이 토지와 건물인 경우에는 해당 자산의 기준시가가 장부가액보다 큰 경우에는 기준시가로 판단한다.

☐ 부동산 과다 보유 법인의 1주당 주식평가액 = Max[①, ②]

① $\dfrac{(1주당 \ 순손익가치 \times 2) + (1주당 \ 순자산가치 \times 3)}{5}$

② 1주당 순자산가치 × 80%

순자산가치로만 평가

다음에 해당하는 경우에는 법인의 주식등에 대하여 순손익가치를 산정하는 것이 해당 법인의 가치를 적정하게 반영하는 것으로 볼 수 없으므로 순자산가치로만 평가한다.

첫째, 상속세 및 증여세 과세표준신고기한 이내에 평가대상 법인이 청산절차를 진행하고 있거나 사업자의 사망 등으로 사업을 계속 영위하는 것이 곤란하다고 인정되는 법인의 주식등에 대해서는 순자산가치로만 평가한다.

둘째, 사업개시 전의 법인이나 사업개시 후 3년 미만의 법인, 휴업·폐업 중인 법인의 주식등에 대해서는 순자산가치로만 평가한다. 이 경우 사업기간을 계산할 때 「법인세법」에 따른 적격분할 또는 적격물적분할로 신설된 법인의 사업기간은 분할 전 동일 사업부분의 사업개시일부터 기산한다. 즉, 적격분할 또는 적격물적분할로 신설된 법인은 형식상으로는 법인 신설이나 내용상으로는 계속사업이므로 순손익가치와 순자산가치를 가중평균하여 주식평가액을 산출한다는 것이다. 그 이유는 적격분할 또는 적격물적분할은 5년 이상 사업을 계속 영위하던 법인이어야 가능하고, 분할 신설법인이 분할 사업부문에 대한 자산과 부채를 포괄적으로 승계하여 승계받은 사업을 계속 영위하기 때문이다.

셋째, 법인의 자산총액 중 토지와 건물 등 부동산과 부동산을 취득할 수 있는 권리, 지상권, 전세권, 등기된 부동산 임차권 등 부동산 관련 권리의 자산가액 합계액이 차지하는 비율이 80% 이상인 법인의 주식등에 대해서는 순자산가치로만 평가한다.

넷째, 법인의 자산총액 중 주식등의 가액 합계액이 차지하는 비율이 80% 이상인 법인의 주식등에 대해서는 순자산가치로만 평가한다.

다섯째, 법인의 설립 시 정관에 존속기한이 확정된 법인으로서 평가기준일 현재 잔여 존속기한이 3년 이내인 법인의 주식등에 대해서는 순자산가치로만 평가한다.

순손익가치 평가 방법

비상장주식등을 평가하기 위해서는 1주당 순손익가치를 계산해야 한다. 「상속세 및 증여세법 시행령」에서는 1주당 순손익가치를 다음과 같이 계산하도록 규정하고 있다.

❑ 1주당 순손익가치 계산식(「상속세 및 증여세법 시행령」제54조 제1항)
1주당 가액 = 1주당 최근 3년간의 순손익액의 가중평균액 ÷ 3년 만기 회사채의 유통수익을 고려하여 기획재정부령으로 정하는 이자율(10%)

따라서 1주당 순손익가치의 계산은 원칙적으로 최근 3년간의 순손익액을 가중평균한 금액을 기준으로 산정한다.

그러나 일시적이고 우발적인 사건 등으로 인해 해당 법인의 최근 3년간의 순손익액을 가중평균한 금액을 기준으로 1주당 순손익가치를 계산하는 것이 불합리한 경우에는 1주당 추정이익의 평균가액으로 1주당 순손익가치를 산정할 수 있다.

최근 3년간의 순손익액 가중평균으로 평가

1주당 순손익가치를 계산하기 위해서는 최근 3년간의 순손익액을 가중평균한 금액을 산출해야 한다. 최근 3년간의 순손익액의 가중평균액은 다음과 같은 계산식에 따라 산출한다.

❑ 1주당 최근 3년간의 순손익액의 가중평균액

$$= \frac{(\text{평가기준일 이전 1년이 되는 사업연도의 1주당 순손익액} \times 3) + (\text{평가기준일 이전 2년이 되는 사업연도의 1주당 순손익액} \times 2) + (\text{평가기준일 이전 3년이 되는 사업연도의 1주당 순손익액} \times 1)}{6}$$

최근 3년간의 순손익액의 가중평균액을 계산할 때 각 사업연도의 1주당 순손익액이 "0" 미만인 경우에는 해당 사업연도의 순손익액을 "마이너스(-)"로 그대로 계산한다. 그러나 최근 3년간의 순손익액의 가중평균액이 "0" 미만인 경우에는 "0"으로 적용한다.

최근 3년간의 순손익액을 계산할 때 평가기준일이 사업연도 종료일인 경우에는 사업연도 종료일이 '평가기준일 이전'에 포함되므로 평가기준일이 속해있는 해당 연도의 순손익액을 '평가기준일 이전 1년이 되는 사업연도의 1주당 순손익액'으로 한다. 그러나 평가기준일이 사업연도 종료일이 아닌 경우에는 평가기준일과 사업연도 종료일이 1일 차이일지라도 사업연도 종료일이 '평가기준일 이전'에 포함되지 않기 때문에 평가기준일이 속해있는 사업연도의 바로 전 사업연도의 순손익액을 '평가기준일 이전 1년이 되는 사업연도의 1주당 순손익액'으로 계산해야 한다.

각 사업연도 주식수

각 사업연도의 1주당 순손익액은 각 사업연도의 순손익액을 각 사업연도의 주식수로 나누어 계산한다. 각 사업연도의 주식수는 각 사업연도 종료일 현재의 발행주식총수로 한다. 다만 평가기준일이 속하는 사업연도 이전 3년 이내에 증자 또는 감자를 한 사실이 있는 경우에는 증자 또는 감자 전 각 사업연도 종료일 현재의 발행주식총수는 1주당 순손익액 희석현상을 보완하기 위하여 다음의 계산식에 따라 환산한 주식수를 계산하여 적용한다.

증자의 경우(무상증자, 주식배당 포함)

☐ 증자의 경우 환산주식수

$$\text{증자 전 각 사업연도 말 주식수} = \text{각 사업연도 말 주식수} \times \frac{\text{증자 직전 사업연도말 주식수} + \text{증자 주식수}}{\text{증자 직전 사업연도말 주식수}}$$

감자의 경우(무상감자 포함)

☐ 감자의 경우 환산주식수

$$\text{감자 전 각 사업연도 말 주식수} = \text{각 사업연도 말 주식수} \times \frac{\text{감자 직전 사업연도말 주식수} - \text{감자 주식수}}{\text{감자 직전 사업연도말 주식수}}$$

각 사업연도 소득

각 사업연도의 순손익액은 「법인세법」 상 각 사업연도의 소득에 세무회계와 재무회계 차이로 인해 발생한 가산할 금액과 차감할 금액을 가감 조정하여 계산한다.

「법인세법」상 각 사업연도의 소득이란 그 사업연도에 속하는 익금 총액에서 그 사업연도에 속하는 손금 총액을 뺀 금액을 말한다. 익금이란 자본 또는 출자의 납입 등을 제외하고 해당 법인의 순자산을 증가시키는 거래로 인하여 발생하는 이익 또는 수익의 금액을 말한다. 손금이란 자본 또는 출자의 환급, 잉여금의 처분 등은 제외하고 해당 법인의 순자산을 감소시키는 거래로 인하여 발생하는 손실 또는 손비(비용)의 금액을 말한다.

이렇게 각 사업연도의 익금 총액에서 손금 총액을 차감하여 계산된 각 사업연도의 소득에서 각 사업연도의 순손익액을 산출하기 위해 각 사업연도의 소득에 가산할 금액과 차감할 금액은 각각 다음과 같다.

각 사업연도 소득에 가산할 금액

다음의 금액은 각 사업연도의 순손익액을 계산할 때 각 사업연도의 소득에 가산한다.

① 「법인세법」제18조 제4호에 따른 국세 또는 지방세의 과오납금의 환급금에 대한 이자 : 각 사업연도의 소득금액을 계산할 때 익금에 산입하지 않은 금액을 말한다.

② 수입배당금액 중 익금불산입액 : 내국법인이 해당 법인이 출자한 다른 내국법인으로부터 받은 이익의 배당금 또는 잉여금의 분배금 등 수입배당금액 중 익금불산입한 금액을 말한다.

③ 기부금 이월금액 중 해당 사업연도의 손금에 산입한 금액 : 기부금 한도초과로 이후 10년 이내의 기간 동안 각 사업연도의 손금산입 한도액 범위 내에서 손금에 산입하는 기부금 이월금액 중 당해 사업연도에 손금에 산입한

기부금 이월금액을 말한다.

④ 업무용승용차 감가상각비 한도초과액의 이월 손금 산입액

⑤ 업무용승용차 처분으로 발생한 손실의 이월 손금 산입액

⑥ 화폐성외화자산등에 대한 외화환산이익 : 각 사업연도 소득을 계산할 때 화폐성외화자산등에 대해 해당 사업연도 종료일 현재의 매매기준율등으로 평가하지 않은 경우 해당 화폐성외화자산등에 대해 해당 사업연도 종료일 현재의 매매기준율등으로 평가해 발생한 이익을 말한다.

⑦ 각 사업연도 소득금액을 계산할 때 손금에 산입된 충담금 또는 준비금이 세법의 규정에 따라 일시에 환입되는 경우에는 해당 금액이 환입될 연도를 기준으로 안분한 금액을 환입될 각 사업연도의 소득에 가산한다.

각 사업연도 소득에 차감할 금액

다음의 금액은 각 사업연도의 순손익액을 계산할 때 각 사업연도의 소득에서 차감한다.

① 해당 사업연도의 법인세액, 법인세액의 감면액 또는 과세표준에 부과되는 농어촌특별세액 및 지방소득세액은 각 사업연도의 소득에서 차감한다.

② 벌금, 과료, 과태료, 가산금 및 강제징수비 : 「법인세법」 제21조 제3호의 규정에 의한 벌금, 과료, 과태료, 가산금 및 강제징수비로 각 사업연도의 소득금액을 계산할 때 손금에 산입하지 않은 금액을 말한다. 순손익액을 계산할 때 차감하는 벌금 등은 실제로 발생해서 부과된 것을 말한다.

③ 법령에 따라 의무적으로 납부하는 것이 아닌 공과금 : 각 사업연도의 소득금액을 계산할 때 손금에 산입하지 않은 금액을 말한다.

④ 징벌적 목적의 손해배상금 등에 대한 손금불산입액 : 각 사업연도의 소득금액을 계산할 때 손금에 산입하지 않은 금액을 말한다.

⑤ 업무와 관련 없는 비용의 손금불산입액 : 해당 연도에 지출한 비용 중 국가가 해당 법인의 업무와 직접적인 관련이 없다고 인정해 각 사업연도의 소득금액을 계산할 때 손금에 산입하지 않은 금액을 말한다.

⑥ 각 세법에서 규정하는 징수불이행으로 납부하였거나 납부할 세액 : 각 사업연도의 소득금액을 계산할 때 손금에 산입하지 않은 금액을 말한다.

⑦ 기부금, 접대비, 경비 한도초과액 : 각 사업연도의 손금산입한도액을 초과하거나 국가가 과다하거나 부당하다고 인정하여 각 사업연도의 소득금액을 계산할 때 손금에 산입하지 않은 금액을 말한다.

⑧ 업무용승용차 관련 비용의 손금불산입액 : 각 사업연도의 소득금액을 계산할 때 업무용 사용에 해당하지 않는다고 보아 손금에 산입하지 않은 금액을 말한다.

⑨ 지급이자 손금불산입액 : 「법인세법」제28조 규정에 의한 채권자가 불분명한 사채이자, 채권·증권의 이자·할인액·차익 중 지급받은 자가 불분명한 경우, 건설자금 차입금의 이자, 업무무관자산 취득·관리로 지급한 이자, 업무무관 가지급금 이자 등으로 각 사업연도의 소득금액을 계산할 때 손금에 산입하지 않은 금액을 말한다.

⑩ 감가상각비 시인부족액에서 상각부인액을 손금으로 추인한 금액을 **뺀** 금액 : '감가상각비 시인부족액'이란 손비로 계상한 감가상각비가 상각범위에 미달하는 금액을 말하며, '감가상삭비 상각부인액'이란 감가상각비가 상각범위액을 초과해 손금에 산입하지 않은 금액을 말한다. 해당 사업연도 이전의 '감가상각비 상각부인액'은 해당 사업연도의 '감가상각비 시인부족액'을 한도

로 손금에 산입한다. 해당 사업연도의 '감가상각비 시인부족액'이 해당 사업연도 이전의 '감가상각비 상각부인액' 보다 많은 경우 상각부인액 전액을 손금으로 산입하고도 시인부족액이 남게 되는데 이렇게 남은 시인부족액은 각 사업연도의 순손익액을 계산할 때 각 사업연도의 소득에서 차감한다.

⑪ 화폐성외화자산등에 대한 외화환산손실 : 각 사업연도 소득을 계산할 때 화폐성외화자산등에 대해 해당 사업연도 종료일 현재의 매매기준율등으로 평가하지 않은 경우 해당 화폐성외화자산등에 대해 해당 사업연도 종료일 현재의 매매기준율등으로 평가해 발생한 손실을 말한다.

최근 3년 이내에 유상증자 또는 유상감자가 있는 경우

평가기준일이 속하는 사업연도 이전 3년 이내에 해당 법인의 자본을 증가시키기 위하여 새로운 주식 또는 지분을 발행하는 유상증자를 실시하거나 해당 법인의 자본을 감소시키기 위하여 주식등을 소각하는 유상감자를 실시한 사실이 있는 경우에는 유상증자 또는 유상감자를 실시한 사업연도와 그 이전 사업연도의 순손익액은 각 사업연도의 소득금액에서 가산할 금액을 더하고 차감할 금액을 뺀 이후 아래의 ①의 금액을 더하고 ②의 금액을 차감한 금액으로 한다.

① 유상증자한 주식등 1주당 납입금액 × 유상증자에 의해 증가한 주식등 수 × 순손익가치환원율(10%)
② 유상감자 시 지급한 1주당 금액 × 유상감자에 의해 감소한 주식등 수 × 순손익가치환원율(10%)

이때 유상증자 또는 유상감자를 한 사업연도의 순손익액은 사업연도 개시일부터 유상증자 또는 유상감자를 한 날까지의 기간에 대하여 월할로 계산하며, 1개월 미만은 1개월로 하여 계산한다.

1주당 추정이익 평균가액으로 평가

1주당 순손익가치의 산출은 원칙적으로 '1주당 최근 3년간의 순손익액의 가중평균액'을 '3년 만기 회사채의 유통수익율을 고려하여 기획재정부령으로 정하는 이자율(10%)'로 나누어 계산하도록 하고 있다.

그러나 일시적이고 우발적인 사건 등으로 인해 해당 법인의 최근 3년간의 순손익액을 가중평균한 금액을 기준으로 1주당 순손익가치를 계산하는 것이 불합리한 경우에는 2 이상의 신용평가전문기관, 회계법인, 세무법인이 산출한 1주당 추정이익의 평균가액으로 1주당 순손익가치를 계산할 수 있다.

추정이익 적용 대상

일시적이고 우발적인 사건으로 해당 법인의 최근 3년간 순손익액이 증가하는 등 순손익액을 가중평균한 금액을 기준으로 1주당 순손익가치를 계산하는 것이 불합리한 경우는 다음과 같은 경우를 말한다.

첫째, 기업회계기준의 자산수증이익, 채무면제이익, 보험차익 및 재해손실의 합계액에 대한 최근 3년간 가중평균액이 법인세 차감전 순손익에서 자산수증이익등을 뺀 금액에 대한 최근 3년간 가중평균액의 50퍼센트를 초과하는 경우에는 1주당 추정이익의 평균가액으로 1주당 순손익가치를 계산할 수 있다.

둘째, 평가기준일 전 3년이 되는 날이 속하는 사업연도 개시일부터 평가기준일까지의 기간 중 합병 또는 분할을 하였거나 주요 업종이 바뀐 경우에는 1주당 추정이익의 평균가액으로 1주당 순손익가치를 계산할 수 있다.

셋째, '합병에 따른 이익의 증여' 규정에 의한 증여받은 이익을 산정하기 위하여 합병당사법인의 주식가액을 산정하는 경우에는 1주당 추정이익의 평균가액으로 1주당 순손익가치를 계산할 수 있다.

넷째, 최근 3개 사업연도 중 1년 이상 휴업한 사실이 있는 때에는 1주당 추정이익의 평균가액으로 1주당 순손익가치를 계산할 수 있다.

다섯째, 기업회계기준 상 유가증권·유형자산의 처분손익과 자산수증이익 등의 합계액에 대한 최근 3년간 가중평균액이 법인세 차감전 손익에 대한 최근 3년간 가중평균액의 50%를 초과하는 경우에는 1주당 추정이익의 평균가액으로 1주당 순손익가치를 계산할 수 있다.

여섯째, 주요 업종에 있어서 정상적인 매출발생기간이 3년 미만인 경우에는 1주당 추정이익의 평균가액으로 1주당 순손익가치를 계산할 수 있다. 여기에서 말하는 '주요 업종'이란 해당 법인이 영위하는 사업 중 직접 사용하는 유형고정자산의 가액이 가장 큰 업종을 말한다.

일곱째, 첫째부터 여섯째까지와 유사한 경우로서 기획재정부장관이 정하여 고시하는 사유에 해당하는 경우에는 1주당 추정이익의 평균가액으로 1주당 순손익가치를 계산할 수 있다. 다만, 아직까지 기획재정부장관이 고시하는 사유는 고시된 것이 없다.

1주당 추정이익 평균가액 산정

1주당 추정이익의 평균가액이란 금융위원회가 정한 수익가치에 순손익가치환원율(10%)을 곱한 금액을 말한다. 금융위원회가 정한 수익가치는 현금흐름할인모형, 배당할인모형 등 미래의 수익가치 산정에 관하여 일반적으로 공정하고 타당한 것으로 인정되는 모형을 적용하여 합리적으로 산정한다.

1주당 추정이익 적용요건

1주당 추정이익의 평균가액을 적용하기 위해서는 다음과 같은 3가지 요건을 모두 충족해야 한다. 첫째, 상속세 또는 증여세 과세표준 신고기한까지 1주당 추정이익의 평균가액을 신고해야 한다. 둘째, 추정이익의 산정기준일과 평가서 작성일은 해당 과세표준 신고기한 이내이어야 한다. 셋째, 1주당 추정이익의 산정기준일과 상속개시일 또는 증여일이 같은 연도에 속해야 한다.

순자산가치 평가 방법

순자산가액은 평가기준일 현재 해당 법인의 자산을 시가평가 또는 보충적 평가방법으로 평가한 가액에서 부채를 차감한 가액으로 한다. 1주당 순자산가치는 평가기준일 현재 해당 법인의 순자산가액을 평가기준일 현재 해당 법인의 발행주식총수로 나누어 계산한다.

> ❑ 1주당 순자산가치 계산식(「상속세 및 증여세법 시행령」제54조 제2항)
> 1주당 가액
> = 평가기준일 현재 해당 법인의 순자산가액 ÷ 평가기준일 현재 발행주식총수

여기서 순자산가액은 평가기준일 현재 해당 기업의 재무상태표 상 자산총액과 부채총액을 기준으로 산정한 것이다. 따라서 이 순사산가액에 「상속세 및 증여세법」에서 규정하고 있는 자산·부채 조정항목을 가감하고 영업권 평가액을 가산하여 「상속세 및 증여세법」 상 순자산가액으로 수정하여 재산정해야 한다.

이렇게 계산한 「상속세 및 증여세법」 상 순자산가액이 '0원' 이하인 음수(-)인 경우에는 '0원'으로 한다.

❑ 평가기준일 현재「상속세 및 증여세법」상 순자산가액 계산

재무상태표 상 가액	조정항목(가감)	상증세법 상 가액
재무상태표 상 자산가액	± 자산 조정항목 =	상증세법 상 자산가액
- 재무상태표 상 부채가액	± 부채 조정항목 =	- 상증세법 상 부채가액
	+ 영업권 평가액 =	+ 상증세법 상 영업권
재무상태표 상 순자산가액		상증세법 상 순자산가액

한편, 순자산가액은 평가기준일 현재 재무상태표 가액을 기준으로 산정하기 때문에 상속개시일 또는 증여일이 결산일과 같지 않은 경우에는 반드시 해당 평가기준일 현재로 가결산한 재무제표를 작성하여 평가하여야 한다.

자산총액 계산

순자산가액 산출을 위하여 계산하는 자산총액은 평가기준일 현재 기업회계기준에 따라 작성한 재무상태표 상 자산 가액에 조정항목을 가감하여 계산한다.

자산에 가산하는 항목

자산에 가산하는 조정항목으로는 자산평가차액, 「법인세법」상 유보금액, 지급받을 권리가 확정된 가액 등이 있다.

자산평가차액

재무상태표 상 자산별로 「상속세 및 증여세법」에서 규정한 보충적 평가방

법에 따라 계산한 자산가액과 재무상태표 상 자산 가액의 차액을 가산한다. 이때 보충적 평가방법에 따라 계산한 가액이 자산 취득가액에서 감가상각비를 차감한 장부가액 보다 작을 때는 장부가액을 자산 가액으로 한다.

「법인세법」 상 유보금액

법인세 세무조정계산서 '자본금과 적립금조정명세서(을)'의 유보금액은 기업회계와 세무회계의 조정과정에서 발생한 세무 상 순자산 증감을 나타내므로 순자산가액에 가감한다. 그러나 다음에 해당하는 유보금액은 제외한다.

> ❑ 순자산가액에 가감에서 제외하는 유보금액
> 가. 「상속세 및 증여세법」 제60조~제66조에 의해 평가한 자산 관련 유보금액
> 나. 무형고정자산(개발비) 관련 유보금액
> 다. 제충당금 및 제준비금 관련 유보금액
> 라. 당기에 익금불산입 유보처분된 이자(미수이자 등)
> 마. 「보험업법」에 의한 책임준비금과 비상위험준비금 부인유보액

지급받을 권리가 확정된 가액

평가기준일 현재 지급받을 권리가 확정된 가액으로 재무상태표에 계상되지 않은 가액은 자산에 가산해서 계산한다.

자산에서 차감하는 항목

자산에 차감하는 조정항목으로는 선급비용, 개발비, 이연법인세 자산 등이 있다.

선급비용

평가기준일 현재 비용으로 확정된 선급비용은 자산에서 차감한다. 장부상에 계상된 모든 선급비용을 차감하는 것이 아닌 평가기준일 현재 비용으로 확정된 선급비용에 한해 자산에서 차감하는 것이다.

개발비

무형자산 중 개발비는 자산에서 차감한다. 여기에서 개발비란 '상업적인 생산 또는 사용 전에 재료, 장치, 제품, 공정, 시스템 또는 용역을 창출하거나 현저히 개선하기 위한 계획 또는 설계를 위하여 연구결과 또는 관련지식을 적용하는데 발생하는 비용으로서 기업회계기준에 따른 개발비 요건을 갖춘 것'을 말한다.

이연법인세 자산

이연법인세 자산은 기업회계와 세무회계의 일시적 차이로 인하여 세무상 납부해야할 법인세 등이 기업회계 상 법인세비용에 비해 큰 경우에 그 차액을 자산으로 계상한 것을 말한다. 이연법인세 자산은 자산에서 차감한다.

부채총액 계산

순자산가액 산출을 위하여 계산하는 부채총액은 평가기준일 현재 기업회계기준에 따라 작성한 재무상태표 상 부채가액에 조정항목을 가감하여 계산한다.

부채에 가산하는 항목

부채평가차액

재무상태표 상 부채별로 「상속세 및 증여세법」에서 규정한 보충적 평가방법에 따라 계산한 부채가액과 재무상태표 상 부채가액의 차액을 가산한다. 이때 재무상태표에 계상되지 않은 부채도 포함하여 평가한다.

부채로 미계상된 법인세 등

부채로 계상되지 않은 평가기준일 현재까지 발생된 소득에 대한 법인세액, 법인세액의 감면액 또는 과세표준에 부과되는 농어촌특별세액 및 지방소득세액은 부채에 가산한다.

이익처분으로 확정된 배당금 등

평가기준일 현재 이익 처분으로 확정된 배당금·상여금 및 기타 지급의무가 확정된 금액은 부채에 가산한다.

퇴직급여추계액

평가기준일 현재 재직하는 임직원 전원이 퇴직할 경우에 퇴직급여로 지급되어야 할 금액의 추계액 전부를 부채에 가산한다. 대신에 재무제표에 계상되어 있는 퇴직급여충당부채는 부채에서 차감한다.

책임준비금과 비상위험준비금

보험업을 영위하는 비상장법인의 책임준비금과 비상위험준비금으로서

「법인세법시행령」 제57조 제1항·제2항 및 제58조 제1항·제3항에 따른 범위 내의 것은 부채로 인정하여 부채에 가산한다.

충당금 중 비용으로 확정된 금액
충당금 중 평가기준일 현재 비용으로 확정된 것은 부채에 가산한다.

부채에서 차감하는 항목

제충당금 및 제준비금
평가기준일 현재 퇴직급여충당부채, 대손충당금, 단체퇴직보험충당금 등의 제충당금과「조세특례제한법」및 기타 법률에 의한 재무상태표 상 제준비금은 부채에서 차감한다.

이연법인세 부채
이연법인세 부채는 기업회계와 세무회계의 일시적 차이로 인하여 세무 상 납부해야할 법인세 등이 기업회계 상 법인세비용에 비해 작은 경우에 그 차액을 부채로 계상한 것을 말한다. 이연법인세 부채는 부채에서 차감한다.

순자산가액에 합산하는 영업권

「상속세 및 증여세법 시행령」제59조 제2항에 따라 계산된 장부에 계상되지 않은 영업권 평가액은 순자산가액에 합산한다. 영업권이 음수(-)로 평가되는 경우에는 영업권이 없는 것으로 한다.

다만, 상속세 및 증여세 과세표준신고기한 이내에 평가대상 법인의 청산

절차가 진행 중이거나 사업자의 사망 등으로 인하여 사업의 계속이 곤란하다고 인정되는 법인의 주식등인 경우와 법인의 자산총액 중 토지, 건물, 부동산에 관한 권리의 합계액이 차지하는 비율이 80% 이상인 법인의 주식등인 경우 영업권 평가액을 순자산가액에 합산하지 않는다.

사업개시 전의 법인이나 사업개시 후 3년 미만의 법인 또는 휴업·폐업 중인 법인의 주식등에 대해서도 영업권 평가액을 순자산가액에 합산하지 않는다. 이때 사업 영위기간을 계산할 때는 「법인세법」상 적격분할 또는 적격물적분할로 신설된 법인의 사업기간은 분할 전 동일 사업부분의 사업개시일부터 기산하고, 개인사업자가 영업권 등 무체재산권을 현물출자하거나 '법인전환에 따른 양도소득세 이월과세'에 따른 사업 양도·양수의 방법에 따라 법인으로 전환하여 그 법인이 해당 사업용 무형자산을 소유하면서 사업용으로 계속 사용하는 경우로서 개인사업자와 법인의 사업 영위기간 합계가 3년 이상인 경우에는 영업권 평가액을 순자산가액에 합산한다.

또, 해당 법인이 평가기준일이 속하는 사업연도 전 3년 내의 사업연도부터 계속하여 「법인세법」에 따라 각 사업연도에 속하거나 속하게 될 손금의 총액이 그 사업연도에 속하거나 속하게 될 익금의 총액을 초과하는 결손금이 있는 법인인 경우에도 영업권 평가액을 순자산가액에 합산하지 않는다.

1주당 순자산가액 계산을 위한 발행주식총수

비상장법인의 1주당 순자산가액 계산을 위한 발행주식총수는 평가기준일 현재 해당 법인의 발행된 총 주식수를 말한다. 평가기준일 현재 발행된 총주식수에는 보통주뿐만 아니라 우선주도 포함된다.

자기주식을 보유하고 있는 경우에는 보유목적이 주식을 소각하거나 자본을 감소시킬 목적이라면 자기주식을 발행주식총수에서 차감하고 자기주식 취득가액 상당액도 자산에 포함시키지 않는다.

자기주식 보유목적이 일시적으로 보유한 후 처분할 목적이라면 자기주식을 발행주식총수에 포함시키고 자기주식 취득가액 상당액도 순자산가액에 가산한다.

CHAPTER 5
가업승계 지원제도 활용 전략

1 가업승계 성공 요인

가업승계는 선대 경영자가 창업해서 성장시켜온 기업에 대한 경영권과 소유권을 창업자 본인의 가족 중에서 선정한 후계자에게 이전하는 것을 말한다. 성공적인 가업승계가 이루어지면 기업이 영속성을 유지하게 될 가능성이 높아진다. 안정적인 기업 규모 유지 또는 점진적 성장은 그 기업이 경제적 부가가치를 창출하면서 국가경쟁력 증대에 지속적으로 기여할 수 있게 한다. 나아가 고용을 유지하거나 추가 신규 고용을 창출하여 고용 증대와 더불어 고용 안정성을 제공함으로써 노동자와 그 가족의 경제적 안녕에도 영향을 미칠 수 있다.

이런 측면에서 가업승계는 일부에서 비판하는 것처럼 단순한 부의 대물림이 아니라 기업에게 부여된 사회적 책임과 의무를 승계하는 것이라고 보아야 한다. 국가에서도 가업승계가 국가경제와 국민경제 발전에 지속적으로 이바지하는 마중물이 되기를 기대하면서 가업승계가 원활히 이루어질 수 있도록 가업승계제도를 마련하여 높은 수준의 세제혜택을 제공하고 있다.

전략적 준비가 필요한 가업승계

가업승계에는 오랜 시간이 소요된다.

가업승계는 선대 경영자에게서 단순히 기업에 대한 소유권과 경영권을 후계자에게 이전함으로써 완성되는 것이 아니다. 성공적인 가업승계가 되기 위해서는 선대 경영자의 가치관을 비롯하여 기업 비전과 목표가 승계 경영자에게 제대로 전달되고 공유되어야 한다. 승계 경영자는 선대 경영자가 수십년 이상 기업을 영위해 오는 과정에서 임직원들에게 공유된 선대 경영자의 가치관을 존중하고 이해하기 위해 노력해야 한다. 내부구성원들을 한 방향으로 이끌어 주는 비전과 목표에 공감하고 실현 방안을 고민해야 한다. 이를 기반으로 승계 경영자는 기업 문화를 자연스럽게 계승하고 리더십을 확보할 수 있다.

선대 경영자가 후계를 제대로 준비하지 못한 상태에서 갑자기 상속이 이루어지는 상황이 발생하지 않도록 미리 계획적으로 후계자 지정이 이루어져야 한다. 지정된 후계자는 경영수업 과정에서 선대 경영자의 가치관을 이해하고 기업 비전과 목표에 공감하며 임직원들과 유대감을 쌓아야 한다. 후계자는 가업승계에 대한 관심과 승계 후 가업 경영에 대한 의지를 지니고 있어야 한다. 최적의 후계자를 선정하는 것은 성공적인 가업승계를 위해 무엇보다 중요한 요소 중 하나이다.

선대 경영자와 후계자는 경영에 대한 가치관 등의 차이로 인한 갈등과 대립으로 서로에게 감정의 골이 깊이지지 않도록 갈등 조정과 관리를 위한 의사소통에 신경을 써야 한다.

선대 경영자와 후계자 간에 발생할 수 있는 갈등도 문제이지만, 하나의 가업을 둘 이상의 자녀에게 승계하려는 경우에는 후계자들 간에도 갈등 문제가 발생할 수 있다. 특히 가업승계 지원제도를 통해 승계받는 경우 후계자들 모두가 제도에서 요구하는 기간 이내에 공동대표 또는 각자대표로 취임해야 하므로 후계자들 간 갈등은 가업 내 주도권을 확보하기 위한 파워게임으로 확대되어 기업 내부에 파벌이 형성되는 등으로 가업의 존립 자체를 위협하는 큰 리스크 요인이 될 수 있다.

따라서, 선대 경영자와 후계자 사이에서나 후계자들 사이에서 발생할 수 있는 갈등을 조정하고 관리하는 것도 성공적인 가업승계를 위해 중요한 요소로 꼽을 수 있다.

거래처, 금융기관 등 외부 이해관계자들에게도 경영권 승계에 대해 명확하게 이해시킬 필요가 있다. 소유권과 경영권 이전으로 인한 선대 경영자의 부재를 거래처와 금융기관 등에 사전에 알리지 않거나 충분한 이해를 구하지 못하면 거래처, 금융기관 등이 가업승계를 리스크로 인식하게 될 수도 있다. 그러면 거래처 주문량이 줄어 영업에 부정적인 상황이 발생하게 될 수 있고, 대출금 조기 상환 요구 등으로 유동성 위기 상황을 맞이하게 될 수도 있다. 가업승계로 인한 소유권과 경영권 이전을 기업 외부의 주요 이해관계자들과도 공유하고 충분히 이해시키려는 노력도 성공적인 가업승계에 영향을 미치는 요인이다.

가업승계 시점을 선택하는 것도 중요하다. 위에서 언급한 선대 경영자와 후계자 간 갈등이 발생하는 주요 원인 중 하나가 가업승계 시점 선택과도 깊은 관련이 있다. 선대 경영자가 전략적 판단과 관계없이 가업승계 시기를 확정하지 않고 계속 지연하면서 후계자에게 지연 사유를 명확하게 이해시키려는 노력도 하지 않으면 후계자는 그 상황을 '희망고문'으로 생각하게 될 수 있다. 이런 사유로 발생하는 갈등은 조정과 해결 방안을 찾는 것이 쉽지 않다.

세제와 관련해서도 가업승계 시점은 중요한 요인이다. 가업승계를 지원하는 세제혜택을 받지 않고 증여해서 승계하려 할 때는 가업승계 시점에 대한 선택이 더욱 중요하다. 상속은 마음대로 시점을 선택할 수 없으나 증여는 승계 시점에 따라 납부해야 할 증여세액이 크게 달라질 수 있다. 세액 규모가 최소화된 시점을 선택하기 위해서는 순손익가치와 순자산가치를 조정하여 기업가치를 변화시키기 위한 전략 수립과 실행이 반드시 필요하다. 가업승계 지원 세제혜택을 받는 경우에도 가업승계 시점은 공제 이외에 납부해야 할 세액의 규모에 영향을 준다. 이때 기업가치를 조정하기 위한 전략과 더불어 사업무관자산을 최소화하기 위한 전략도 함께 추진할 필요가 있다.

가업승계 전략은 Tax 전략

성공적인 가업승계를 위해 무엇보다 중요한 요인으로 세금을 빼놓을 수 없다. 가업이 아무리 경제적 가치가 높고 고용창출 기여도가 높다고 하여도 상속인이 납부해야 할 상속세를 상속재산을 처분해야만 마련할 수 있다면 그 가업은 더 이상 가업으로 지속될 수 없게 된다.

사전증여를 하는 경우 후계자인 자녀에게 일반 증여를 하게 되면 증여일부터 10년 이전 기간 내에 증여된 가액을 모두 합산하여 5천만원을 증여공제 후 과세표준에 따라 최고 50%의 초과누진세율로 증여세를 납부해야 한다. 과세표준액이 30억원 이상이면 최고세율인 50% 세율을 적용받게 되므로 사실상 일반증여를 통해 가업을 승계한다는 것은 불가능하다.

가업승계를 성공적으로 완료하기 위해서는 다른 무엇보다 세금이 가장 우선적으로 고려되어야 한다. 상속세와 증여세율이 최고 50%에 이르는 높은 세율이 적용되고 있으므로 가업승계를 고려하는 기업에서는 앞서 설명한 가업승계 지원제도를 활용해 세제혜택을 받을 수 있는 방안을 적극적으로 모색해야 한다.

가업을 지속적으로 유지·발전시키면서 국가경제, 국민경제에 이바지할 수 있는 성공적인 가업승계가 되기 위해서는 가업승계 지원제도에 따른 세제혜택을 지원받아 상속(증여)세를 최대한 절세할 수 있는 전략을 수립하는 것이 가장 우선이 되어야 한다.

가업승계 전략은 곧 세무전략일 수밖에 없으며, 가업승계를 위한 세무전략은 장기간에 걸쳐 정교하게 수립해야 한다.

2 가업승계 전략 수립

가업승계 지원제도를 활용하기 위한 가업승계 전략 수립은 5단계 프로세스로 이루어진다.

❑ 가업승계 전략 수립 프로세스

현황 진단 → 승계자 확정 → 승계 Plan → 승계 진행 → 사후관리

현황 진단

현황을 진단하는 첫 번째 목적은 해당 기업이 가업승계 지원제도를 적용받을 수 있는 요건을 충족하는지를 검토하기 위함이다. 아직 가업상속공제 제도를 활용할 것인지, 가업승계 증여세 과세특례 제도를 활용할 것인지가 결정되지 않았기 때문에 현황 진단 단계에서는 두 제도에 대한 요건 충족 여부를 모두 검토해 보아야 한다.

현황 진단을 위해서는 체크리스트를 활용하는 방법이 가장 일반적이다. 가업상속공제에서 요구하는 가업 요건, 피상속인 요건, 상속인 요건을 체크리스트 항목으로 하여 충족 여부를 검토한다. 가업승계 증여세 과세특례제도에 요구하는 가업 요건, 증여자 요건, 수증자 요건을 체크리트 항목으로 하여 충족 여부를 검토한다.

우리는 앞서 두 제도의 사전 요건에 대해 살펴보면서 가업상속공제 사전 요건을 충족하면 가업승계 증여세 과세특례 사전 요건도 모두 충족하게 됨을 확인하였다. 그러나 가업승계 증여세 과세특례 사전 요건을 모두 충족한다고 해서 가업상속공제 사전 요건을 모두 충족하는 것은 아님에 유의해야 한다. 가업상속공제에서는 피상속인이 가업영위 기간 중 일정기간 이상을 대표이사로 재직해야 하는 요건이 있는 반면, 가업승계 증여세 과세특례에서는 증여자에게 대표이사로 재직해야 할 것을 요구하지 않기 때문이다.

따라서 현황 진단 단계에서는 가업상속공제에서 요구하는 사전 요건을 중심으로 진단하면 가업승계 증여세 과세특례에 대한 요건 충족 여부도 동시에 확인할 수 있다.

현황을 진단하는 두 번째 목적은 최적의 의사결정에 활용하기 위해서이다. 요건 충족 여부를 검토하면 현재 시점에서 충족하는 요건과 충족이 필요한 요건이 확인된다. 현재 시점에서 모든 요건을 충족하는 기업은 진단 결과를 가업승계 시점을 전략적으로 선택하는 의사결정에 활용할 수 있다. 가업상속공제와 가업승계 증여세 과세특례는 모두 가업 영위 기간에 따라 상속공제 한도와 과세가액 한도가 달라진다. 진단 결과에 따라서 한도액이 증대되는 시점을 명확히 알 수 있게 된다면 가업승계 시점을 전략적으로 선택하는 의사결정이 가능해진다. 현재 시점부터 해당 전략적 가업승계 시점까지 남은 기간 동안 순손익가액 조정, 순자산가액 조정, 사업무관자산 최소화 등을 전략적으로 활용할 수 있게 되므로 세제혜택 극대화를 위한 의사결정을 내릴 수 있게 된다.

현재 시점에서 일부 요건이 충족되지 않는 기업은 해당 요건 보완이 가능한지 여부와 요건 충족을 위해 필요한 기간을 확인할 수 있다. 확인된 보완이 필요한 요건에 따라 선대 경영자는 최초 고려하고 있었던 승계 스케줄을 그대로 유지할지 혹은 특정 시점까지 연기할지를 의사결정할 수 있게 된다.

진단 결과 선대 경영자가 가업상속공제 요건 중 대표이사 재직 요건 하나만 충족되지 않는 것으로 검토된 경우를 예로 들어보자. 이 기업은 현재 시점에서 가업상속공제는 적용받을 수 없으나, 가업승계 증여세 과세특례는 적용받을 수 있다. 현재 시점에서 가업승계 증여세 과세특례를 적용받아 사전 증여를 한다면 상속이 개시되는 시점에서 가업상속공제 요건을 충족하는 경우 사전 증여받은 주식등에 대해서는 증여시점의 가액으로 가업상속공제를 적용받을 수 있다. 그러나 상속개시일에 가업상속공제 요건 중 선대 경영자의 대표이사 재직 요건이 충족되지 않기 때문에 사전 증여를 받은 주식등에 대해서만 가업상속공제를 적용받을 수 있고, 사전 증여 이외의 주식등은 가업상속공제 요건이 충족되지 않아 일반 상속재산으로 보아 상속세가 부과된다. 이 기업의 선대 경영자는 현재 시점에서 적용받을 수 있는 가업승계 증여세 과세특례 과세가액 한도와 가까운 미래 시점에서 과세가액 한도가 증액될 수 있는지 등을 추가 검토하여 가업상속공제 대표이사 재직 요건이 충족될 때까지 가업승계를 연기할 것인지, 현재 시점에서 증여세 과세특례를 적용받아 사전 증여로 가업승계를 진행할 것인지를 의사결정할 수 있다.

「소득세법」을 적용받는 개인사업자를 영위하는 선대 경영자는 가업상속공제 요건을 모두 충족하는 경우 선대 경영자가 상속이 개시되는 시점까지 계속해서 가업을 영위하여 상속개시 시점에 가업상속공제를 적용받아 가업을 승계할 것인지, 개인사업자를 가업 영위기간을 비롯한 모든 기업실체를 그대로 이전할 수 있도록 법인전환하고 가업승계 증여세 과세특례를 적용받아 사전 증여로 가업을 승계를 진행할 것인지를 의사결정할 수 있다.

현황 진단을 하는 세 번째 목적은 가업승계 전략 수립의 방향성을 제대로 설정하기 위함이다. 제대로 된 진단이 이루어져야 해결이 필요한 문제가 잘 정의되고 최적의 개선방안 수립까지 이어질 수 있다. 첫 단추를 잘못 끼우면 모든 단추가 잘못 끼워진다. 바로잡기 위해서는 잘못 끼워진 단추를 모두 풀고 처음부터 다시 끼우는 방법밖에 없다. 단추는 풀고 다시 끼우는 행동을 간단하게 수행할 수 있지만 가업승계는 간단하게 다시 수행할 수 없다. 지금까지 들였던 시간과 비용이 모두 의미를 잃게 된다. 최고 50%의 초과누진세율에 가산금까지 추가 징수당할 수도 있다. 따라서 성공적인 가업승계를 위해서는 제대로 된 현황 진단이 매우 중요함을 인식하여야 한다.

승계자 확정

가업승계 지원제도 중 가업상속공제를 통한 세제혜택을 받기 위해 승계자 확정이 중요한 경우가 있다. 가업상속공제 상속인 요건에는 상속인이 상속개시일 이전에 2년 이상 가업에 종사해야 한다는 규정이 있다. 이 규정은 피상속인이 65세 이전에 사망하여 상속이 개시되는 경우에 한해 가업상속공제 지원 대상이 되도록 예외를 두고 있다. 선대 경영자가 65세를 초과한 시점에 상속이 개시되었는데 그 상속개시일에 18세 이상 자녀 또는 그 자녀의 배우자 중 2년 이상 가업에 종사한 자가 없다면 가업상속공제를 적용받을 수 없게 된다. 따라서 선대경영자는 적어도 63세가 초과되기 전에 승계자를 확정하고 가업에 종사시켜야만 선대 경영자가 65세 초과 후 어느 시점에서 상속이 개시되더라도 상속인 요건을 충족할 수 있게 된다.

위의 경우를 제외하고는 승계자 확정은 꼭 현황 진단 다음에 실시해야 하는 것은 아니다. 현황 진단을 하면서 동시에 할 수도 있고, 현황 진단을 하기 전에 미리 승계자를 확정지을 수도 있다. 가업승계 지원 제도를 통해 세제혜택을 적용받기 위한 측면에서 승계자는 상속인 요건 또는 수증자 요건만 충족하면 누구든지 승계자로 확정되어도 된다. 가업승계를 위한 세무전략 측면에서도 승계자가 누구이고, 몇 명이 승계할 것인지와 관계없이 공제(과세가액)한도와 상속세 또는 증여세 총세액은 동일하다. 다만 가업승계 증여세 과세특례를 적용받는 경우 순차증여를 할 경우에는 납부해야 할 총 증여세액은 동일하지만 동시증여를 할 경우에 비해 수증자 개인이 납부해야 하는 증여세액이 일부 수증자는 감소하고 일부 수증자는 증가할 수 있는 차이는 발생할 수 있다.

하지만 앞서 살펴보았듯이 선대 경영자와 후계자 간 갈등은 성공적인 가업승계를 위해 중요하게 관리되어야 하는 요소이므로 가업승계 지원제도 세제혜택을 받기 위한 요건으로는 급하게 준비해야 할 필요가 없더라도 너무 늦지 않은 시점에 승계자를 확정해야 할 필요는 있다. 지속적인 가업 영위를 위해서 승계자로는 가업에 관심이 있고, 가업을 이어받아 유지·발전시켜 가려는 의지를 지닌 자녀를 선정하는 것이 무엇보다 중요하다.

승계 Plan

현황 진단을 통해 충족이 필요한 요건을 확인하였고, 승계자가 확정되었다면 이제는 승계 Plan을 수립해야 한다. 승계 Plan 수립 단계에서는 부족한 요건을 충족시킬 구체적인 방안을 모색해 본다. 세액 산출 시뮬레이션을 통해 절세 효과를 극대화하는 가업승계 실행 방법, 시기, 절차를 구체화한다. 체계적인 승계자 교육안을 마련한다. 궁극적으로는 장기간에 걸친 일련의 승계 준비에 대한 로드맵을 작성한다. 승계 Plan 수립 단계를 거치게 되면 해당 기업의 가업승계에 대한 전체적인 모습을 확인할 수 있게 된다.

승계 Plan 수립은 가업승계를 가업상속공제를 적용받아 진행할 것인지 가업승계에 대한 증여세 과세특례를 적용받아 진행할 것인지에 따라 달라진다.

가업상속공제 적용 Plan

승계 Plan의 방향을 가업상속공제를 적용받기로 설정했다면 상속이 개시되는 시점까지 가업요건을 지속 유지할 수 있도록 전략 방안을 수립하여야 한다.

중소기업인 경우 업종 요건, 자산총액 요건을 중견기업인 경우 업종 요건, 매출액 요건을 상속개시일까지 충족하고 있을 수 있도록 해야 한다. 최대주주등으로 발행주식 총수의 40%(상장법인의 경우 20%) 이상을 상속개시일까지 유지하고 있도록 해야 한다. 피상속인 요건으로 전체 가업 영위기간 중 50% 이상을 대표이사등으로 재직하거나 상속개시일로부터 소급하여 10년 중 5년 이상의 기간을 대표이사등으로 재직하고 있을 수 있도록 하여야 한다. 이런 가업상속공제 요건들을 충족하는지 매 년 검토하여 상속개시일까지 가업상속공제 요건 모두를 충족하고 있을 수 있도록 관리하여야 한다.

상속이 개시되기 전 어느 한 해라도 이 요건들을 충족하지 못하게 된다면 이후 모든 요건을 다시 충족하게 된 시점부터 가업 영위기간이 다시 계산된다. 이때 가업 영위기간 계산이 다시 시작된 시점부터 상속개시일까지 기간이 10년에 미달하게 되면 가업상속공제를 적용받을 수 없게 됨에 유의해야 한다.

이와 더불어 해당 기업이 법인인 경우에는 가업상속공제 세제혜택을 최대로 받을 수 있도록 사업무관자산을 최소화하기 위한 전략을 수립해야 한다. 가업상속공제를 적용받는 가업상속재산가액은 가업에 해당하는 법인의 주식 등의 가액에 해당 법인의 총자산가액에서 사업무관자산가액을 제외한 자산가액이 차지하는 비율을 곱하여 계산하므로 사업무관자산가액이 많을수록 가업상속공제를 적용받을 수 있는 가업상속재산가액은 적어지기 때문이다.

선대 경영자 개인재산에 대해서는 가업상속공제가 적용되지 않으므로 가업 이외의 일반 재산에 대한 상속세 공제항목들을 고려하여 절세 효과를 극대화할 수 있는 세무 플랜 수립을 병행할 필요도 있다.

가업승계 증여세 과세특례 적용 Plan

승계 Plan의 방향을 가업승계 증여세 과세특례를 적용받기로 설정했다면 세제혜택을 최대한 받을 수 있는 증여시기를 결정하는 전략 방안을 수립하여야 한다.

비상장기업이라면 현황 진단을 통해서 현재 시점에서 해당 기업의 기업가치가 확인되었다. 기업가치 조정을 통해 가업승계 증여세 과세특례 세제혜택을 극대화할 수 있다. 기업가치는 순손익가치와 순자산가치로 계산한다. 따라서 순손익가치와 순자산가치를 조정하는 전략을 수립하여 매 년 기업가치를 산출해 보면서 최적의 증여시기를 결정해야 한다.

비상장 중소기업은 대부분 정기적인 이익배당을 실시하지 않기 때문에 당기순이익이 과도하게 누적된 경우가 많다. 당기순이익 누적은 순자산 증가로 이어져 기업가치를 증대시킨다. 따라서 해당 기업에 이익잉여금이 과도하게 누적되어 있다면 적극적인 배당정책을 통해 이익잉여금을 처분해야 한다. 다만 배당으로 인해 발생하는 세금을 절감시키기 위해서는 최소한의 세액이 발생하는 범위 내에서 장기간에 걸친 배당정책을 수립 실행할 필요가 있다.

이때 가업승계 증여세 과세특례를 적용받기 위해 요구되는 사전 요건을 증여일까지 계속 충족하고 있어야 하는 것은 기본 전제 조건이다. 중소기업인 경우 업종 요건, 자산총액 요건, 중견기업인 경우 업종 요건, 매출액 요건을 증여일까지 충족하고 있을 수 있도록 해야 한다. 최대주주등으로 발행주식 총수의 40%(상장법인의 경우 20%) 이상을 증여일까지 유지하고 있도록 해야 한다.

증여일 전 어느 한 해라도 이 요건들을 충족하지 못하게 된다면 이후 모든 요건을 다시 충족하게 된 시점부터 가업 경영기간이 다시 계산된다. 이때 가업 경영기간 계산이 다시 시작된 시점부터 증여일까지 기간이 10년에 미달하게 되면 가업승계 증여세 과세특례를 적용받을 수 없게 됨에 유의해야 한다.

사업무관자산 최소화 전략 Plan

사업무관자산은 가업상속공제 제도를 활용하고자 할 때 '가업상속재산가액'에, 가업승계에 대한 증여세 과세특례 제도를 활용하고자 할 때 '가업자산상당액'에 크게 영향을 미치는 요인이다. 세제혜택을 최대로 적용받아 가업승계를 진행하기 위해서는 사업무관자산을 최소화하기 위한 전략도 함께 수립해야 한다.

사업무관자산은 앞에서 여러 차례 언급되었다. 다시 한 번 간단히 살펴보면 사업무관자산에는 '비사업용 토지와 주택', '업무와 관련 없이 보유하고 있는 자산', '타인에게 임대하고 있는 부동산(부동산에 관한 권리 포함)', '대여금(가지급금 포함)', '과다보유현금', '법인의 영업활동과 직접 관련 없이 보유하고 있는 주식등, 채권 및 금융상품' 등이 있다.

사업무관자산을 최소화하려면 상속개시일 또는 증여일에 보유하고 있는 부동산은 사업용자산으로 인정받을 수 있도록, 업무와 관련 없이 보유하고 있는 자산은 최소화되도록 전략을 수립하여야 한다. 부동산은 일반적으로 다른 자산보다 가액이 크기 때문에 부동산이 사업무관자산으로 평가된다면 가업상속재산가액은 최대화가 될 수 없기 때문이다.

가지급금이 있는 법인은 그 규모가 크다면 자본으로 전환하는 등의 전략을 수립하여 상속개시일 또는 증여일에는 가지급금이 해소되어 있도록 해야 한다.

과다보유현금과 영업활동과 직접 관련 없이 보유하고 있는 금융상품등은 최소화되도록 전략을 수립하여야 한다.

'과다보유현금'이란 '상속개시일 또는 증여일 현재 가업에 해당하는 법인이 보유하는 현금이 상속개시일 또는 증여일 직전 5개 사업연도 말 평균 현금 보유액의 100분의 150을 초과하는 현금'으로 규정되어 있다. 여기에서 현금이란 '보통예금', '당좌예금' 등의 요구불 예금과 '취득일부터 만기일까지 3개월 이내인 금융상품'으로 한정한다.

'영업활동과 직접 관련 없이 보유하고 있는 금융상품등'이란 '해당 법인이 일시 보유 후 처분할 목적인 자기주식', '완전자회사 또는 관계회사 주식', '투자업 등이 주업이 아닌 법인이 보유하고 있는 투자주식', '채권', '금융기관이 취급하는 정기예금·정기적금·사용이 제한되어있는 예금'을 말한다.

따라서 과다보유현금과 영업활동과 무관한 금융상품등을 최소화하기 위해 상속개시일 또는 증여일이 속하는 사업연도보다 적어도 6년 전에 영업활동과 무관한 금융상품등을 과다보유현금에서 규정하는 현금으로 전환하여 보유하는 것이 하나의 전략 방안이 될 수 있다.

개인사업자 법인전환 전략 Plan

가업승계 증여세 과세특례는 가업승계를 목적으로 하는 법인의 주식등을 대상으로 하고 있어 법인사업자에게만 적용된다. 따라서 개인사업자 대표가 가업승계 증여세 과세특례를 적용받고자 하면 개인사업자를 법인으로 전환하여야 한다.

개인사업자를 법인으로 전환하는 방법으로는 사업양수도 방식과 현물출자 방식이 있다.

사업양수도 방식은 신규법인을 설립하여 개인사업자의 사업을 통합하는 방식으로 법인전환 하는 것이다. 보유한 사업용 고정자산이 적고 재고자산 파악이 명확한 경우에 유리한 방법이다. 개인사업자의 자산은 신설법인이 자본금으로 유상 취득함으로써 법인으로 이전된다. 사업양수도 방식의 법인전환은 다음과 같은 절차로 진행한다. 가장 먼저 개인사업자의 순자산가액을 추정한다. 추정된 순자산가액 이상으로 자본금을 결정하고 현금으로 출자하여 신설법인을 설립한다. 개인사업자와 신설법인 간 사업양수도 계약을 체결하여 개인사업자의 모든 자산을 법인으로 통합한다. 이때 개인사업자의 업력은 법인에 그대로 이전된다.

사업양수도 방식의 법인전환은 현물출자 방식에 비해 다음과 같은 장점이 있다. 전환 방법이 상대적으로 간단하다. 전환기간이 상대적으로 짧게 소요된다. 전환에 소요되는 비용이 상대적으로 저렴하다. 반면 상대적인 단점으로는 개인사업자의 순자산가액 이상의 규모로 자본금을 현금 출자해야 하므로 자금 부담이 높다.

현물출자 방식은 개인사업자가 보유한 자산을 평가하여 법인에 권리를 이전하는 방식으로 법인전환 하는 것이다. 다수의 사업용 고정자산을 보유하고 있는 경우에 유리한 방법이다. 개인사업자의 자산은 개인사업자에서 법인으로 등기하여 권리를 법인으로 이전함으로써 이전된다. 현물출자 방식의 법인전환은 다음과 같은 절차로 진행된다. 가장 먼저 현물출자 대상 자산을 재평가한다. 자산 재평가는 법원에서 선임한 감정인 또는 공인된 감정인에게 의뢰한다. 개인사업자의 사업을 결산하여 감사보고서와 회계보고서를 작성한다. 감정평가와 사업결산 보고서를 기준으로 순자산가액을 산출한다. 이 순자산가액 이상으로 자본금 규모를 결정한다. 대표 1인이 발기한다. 정관을 작성하고 현물출자 계약서를 작성한다. 법원에 조사보고인가를 신청한다. 현물출자를 이행한다. 납입기일에 지체 없이 출자의 목적 재산을 인도하고 등기, 등록 및 기타 권리의 설정 또는 이전이 필요한 경우 이에 관한 서류를 완납하여 교부한다. 이후 법인설립절차를 따른다. 현물출자 방식의 법인전환도 개인사업자의 업력은 법인에 그대로 이전된다.

사업양수도 방식의 법인전환과 비교하여 개인사업자 보유 자산의 평가액을 자본금으로 현물출자 하므로 자금 부담이 낮다는 장점이 있다. 반면 단점으로는 자산 재평가를 받아야 하고, 법원의 인가를 득해야 하는 등 상대적으로 전환 방법이 복잡하고, 전환기간이 길게 소요된다. 각종 수수료 발생으로 전환 소요 비용이 상대적으로 높다.

세금 납부 자금 마련 Plan

가업을 상속받을 상속인 또는 가업을 승계할 수증자가 시뮬레이션을 통해 산출된 납부할 세액에 상당하는 자금 마련 방안이 수립되어야 한다. 가업상속공제를 적용받기로 한 경우에는 가업 상속인이 해당 가업에 2년 이상 종사해야 하므로 가업에 종사하는 동안 급여와 상여 등을 지급하는 방법을 활용할 수 있다. 상속세액 규모에 따라 2년보다 더 긴 가업 종사 기간이 필요할 수 있다. 또한, 증여도 함께 활용할 수 있다.

가업승계 증여세 과세특례를 적용받기로 한 경우에는 증여일 전 가업에 종사해야 하는 요건은 없으나, 증여세 재원 마련을 위해서는 증여일 전에 상당 기간 가업에 종사하고 있어야 할 필요도 있다. 또한, 가업승계 주식가액 외의 일반 증여재산가액은 합산과세를 배제하므로 일반 증여를 함께 활용할 수도 있다.

세제혜택 or 납부유예 선택 Plan

2023년 1월 1일 이후 상속개시 또는 증여하는 경우 가업상속공제 또는 가업승계 증여세 과세특례를 적용받거나 상속세 또는 증여세를 납부유예 신청할 수 있게 되었다. 가업승계 Plan 수립 시 가업승계에 대한 세제혜택을 받아 연부연납 등의 제도를 활용한 상속세 또는 증여세 납부가 유리할지 납부유예 제도를 활용한 과세 이연이 유리할지 다각도에 걸친 검토를 거쳐 최적 방안을 수립해야 한다.

사후 요건 이행 전략 Plan

가업상속공제 또는 가업승계 증여세 과세특례를 적용받거나 상속세 또는 증여세 납부유예 신청 시 각각의 경우에 준수해야 할 사후 요건을 충실하게 이행할 방안도 승계 Plan 수립 시 마련해 놓아야 한다.

승계 진행

　승계 Plan 수립 단계에서 만들어지는 최종 결과물은 승계 플랜 로드맵이다. 이 로드맵에는 최적 가업승계를 위해 전략 수립이 필요한 모든 부문이 포함되어 있다. 각 부문별로 실행해야 할 항목들도 한 눈에 확인할 수 있다. 각 항목을 실행해야 하는 시기를 일정표(time-table)로 표시하고 있어 승계 플랜 로드맵으로 승계 전략 부문과 실행 필요 항목 전체를 일목요연하게 확인할 수 있다.

　승계 진행은 이렇게 만들어진 승계 플랜 로드맵을 따라 실제 실행하는 과정을 말한다. 승계 플랜 로드맵에 맞춰 승계를 진행하면서 승계 플랜 수립 당시에 예상하지 못했던 일들이 발생하거나 로드맵에 맞춰 진행했으나 승계 플랜 수립 내용과 결과가 다르게 확인되었다면 승계 플랜 로드맵을 점검하고 수정이 필요한 부분은 수정해야 한다.

　승계 플랜 로드맵을 수정해야 하는 상황이 발생하게 되면 최초 예상했던 승계 과정과 승계를 위해 준비하는 기간이 달라질 수 있다. 따라서 승계 진행 단계에서는 승계 플랜 로드맵에 기초하여 실행하되 실제 실행 결과와 승계 플랜 로드맵을 지속적으로 비교 검토해 보아야 한다.

사후 관리

가업승계 진행까지 완료되었다면 이제 해당 기업의 소유권과 경영권은 상속인 또는 수증자에게 이전되었다. 그러나 가업상속공제 또는 가업승계 증여세 과세특례를 통해 지원받은 세제혜택은 법률에서 정한 일정 기간 동안은 사후 관리 요건을 충족해야만 성공적으로 완료된다.

사후 관리 요건을 충족하지 못하는 경우 그 충족하지 못하게 된 요건에 따라 세제혜택을 받은 세액의 전부 또는 일부를 추징당하게 된다. 뿐만 아니라 충족하지 못하게 된 요건에 따라 추징 세액 상당액에 대한 이자상당액도 납부해야 할 수도 있다.

법률에서는 관할세무서장으로 하여금 가업상속공제 또는 가업승계 증여세 과세특례를 통해 세제혜택을 제공받은 가업승계 기업과 상속인 또는 수증자에 대해 사후 관리 요건을 제대로 이행하고 있는지 매 년 점검하도록 하고 있다. 가업승계 기업과 상속인 또는 수증자도 사후 관리 기간 동안 요건이 잘 지켜질 수 있도록 지속적으로 관심을 기울이고 관리하여야 한다.

오랜 기간에 걸쳐 많은 준비를 통해 진행한 가업승계가 사후 관리까지 이상 없이 모두 종료하여 성공적인 결과를 맺기를 기원한다.

에듀콕스(educox)는 책에 관한 소재와 원고를 설레는 마음으로 기다리고 있습니다.
책으로 만들고 싶은 좋은 소재와 기획이 있으신 분은 이메일(educox@hanmail.net)로 간단한
개요와 취지, 연락처 등을 보내주시면 됩니다.

가업승계 성공전략

편저자 ■ 박영권
발행인 ■ 이상옥
발행처 ■ 에듀콕스(educox)

초판 발행 ■ 2023년 7월 10일

출판등록번호 제25100-2018-000073호
주소 ■ 서울시 관악구 신림로23길 16 일성트루엘 907호
　　　경기도 안양시 석수로 40 1동 1303호
팩스 ■ 02)6499-2839
홈페이지 ■ www.educox.co.kr
이메일 ■ educox@hanmail.net
ISBN 979-11-90377-89-8

정　가 ■ 20,000원

※ 잘못된 책은 구입한 곳에서 바꿔드립니다.
※ 무단 복사 및 판매시 저작권법에 의해 경고조치없이 고발되어 민, 형사상 책임을 지게 됩니다.